时代楷模丛书

为种子痴狂的人

钟扬的故事

海飞 主编　　乔冰 著

四川科学技术出版社

海豚出版社
DOLPHIN BOOKS
中国国际传播集团

图书在版编目（CIP）数据

为种子痴狂的人：钟扬的故事 / 海飞主编；乔冰
著 . -- 成都：四川科学技术出版社；北京：海豚出版
社，2025.2. --（"时代楷模"丛书）. -- ISBN 978
-7-5727-1581-5

Ⅰ . K826.15

中国国家版本馆 CIP 数据核字第 2024RZ4140 号

"时代楷模"丛书
"SHIDAI KAIMO" CONGSHU

为种子痴狂的人　钟扬的故事
WEI ZHONGZI CHIKUANG DE REN　ZHONG YANG DE GUSHI

海飞 主编　　乔冰 著

出 品 人　程佳月
选题策划　鄢孟君
责任编辑　林佳馥 张　琪
助理编辑　任欣悦
营销编辑　李　卫 刘　成
封面设计　王晓珍
责任出版　欧晓春
出版发行　四川科学技术出版社
　　　　　成都市锦江区三色路 238 号 邮政编码 610023
　　　　　官方微信公众号 sckjcbs
　　　　　传真 028-86361756
成品尺寸　148 mm×210 mm
印　　张　4.75
字　　数　95 千
印　　刷　四川华龙印务有限公司
版　　次　2025 年 2 月第 1 版
印　　次　2025 年 6 月第 1 次印刷
定　　价　22.80 元

ISBN 978-7-5727-1581-5

邮　　购：成都市锦江区三色路 238 号新华之星 A 座 25 层　邮政编码：610023
电　　话：028-86361770

英雄照亮时代 楷模就在身边

每个时代都有每个时代的英雄。

在炮火纷飞的战争年代，一批又一批的英雄为了中华民族的崛起而抛头颅、洒热血，他们身上体现了中华民族伟大的民族精神和崇高的民族气节。赵一曼、刘胡兰、董存瑞、黄继光、邱少云……这一个个闪光的名字和他们的英勇事迹家喻户晓，值得我们永远铭记。

如今，在我们身边，依然有无数的英雄，他们就是在各自的岗位上无私奉献的"时代楷模"。

"时代楷模"是由中共中央宣传部集中组织宣传的全国重大先进典型，他们的情操健康高尚，事迹厚重感人，影响广泛深远，充分体现了新时代"爱国、敬业、诚信、友善"的价值准则与中华传统美德。他们就像天上的星星，照亮天空，照亮我们这个时代。同时，他们也是普通人，在平凡的岗位上默默坚守，做出了伟大贡献。

为了更好地向中小学生讲述"时代楷模"的感人事迹，激发学生的民族自信心和自豪感，四川科学技术出版社、海豚出版社特此出版"时代楷模"丛书。丛书每册选取一位"时代楷模"（或一个"时代楷模"集体），并邀请国内知名儿童文学作家对其事迹进行文学加工，生动刻画人物形象，以提高中小学生读者的阅读体验。

人生如扣扣子，第一粒扣子扣错了，后边的扣子就会跟着错。万事开头难，难就难在要走好正确的第一步，确定你想扣怎样的人生扣子，你想实现怎样的人生价值。只有第一步走对了，只有第一粒扣子扣对了，你才能走好自己的人生路。

我们希望通过这套丛书，让中小学生走近这些当代英雄，了解他们的先进事迹，树立正确的价值观和远大的人生志向，"扣好人生第一粒扣子"。

四川科学技术出版社、海豚出版社

2024年6月

目 录

01

15 岁的大学生

（一）不到读书年龄的小神童

清晨，湖北黄冈八一小学的校园里鸟语花香。一位中年大叔背着手，表情严肃地盯着站在他眼前的小不点儿。

"小家伙，你走错地方了。五岁多应该去上幼儿园，而不是来这儿！"

背着书包陆续经过他们身边的小学生们，好奇地回过头看着那个瘦小的身影，发出善意的笑声。

"小弟弟，等你长大一些再来上学吧。"

瘦小的身影挺起小胸脯，黑宝石般闪亮的大眼睛里满是不服："别小瞧人！我爸爸说，只要能通过考试，就可以来上学了。"

"哦？"中年大叔笑着猫下腰，"那好，你背诵《毛主席语录》给我听听，就从'一个百人'开始背起吧。"

中年大叔可不是故意刁难眼前这个小鬼头。当时小学生入学考试的内容，就是背诵《毛主席语录》。

"一个百人的学校，如果没有一个从教员中、职员中、学生中按照实际形成的……"眼前的小家伙立即流利地背诵起来，那熟练的程度，惊得中年大叔嘴巴大张成了"O"形，好半天才从震惊里回过神来，瞪大眼睛看着手里握着的登记表。

没错，眼前这个小朋友名叫钟扬，的确不到六岁。可这小不点儿，竟然把对小孩子来说有些拗口的《毛主席语录》背得这么顺溜？

"钟扬小朋友，刚才背得不错，再来！"中年大叔看向小男孩的眼神有了些细微的变化，"你再背背'我们的教育方针'给我听听。"

小男孩没有丝毫迟疑，张口就来："我们的教育方针，应该使受教育者在德育、智育、体育几方面都得到发展，成为有社会主义觉悟的有文化的劳动者。"

站在一旁的几名老师满脸惊讶："哎呀，真了不起！"

"之前几十个来报名的，年龄都比这小家伙大，考试时却背得磕磕巴巴，哪有这么流利！"

"好好好，"中年大叔双眼放光，猛地一拍大腿，"又是背得一字不差！我立即去找校长。"

"不用找了，我已经在这儿听了好一会儿了。"

一个温和的声音传来，小男孩连忙转头，只见一个文质彬彬的男子正含笑看着自己。

"小小年纪，却有着出色的记忆力，我们学校非常欢迎这样的小神童！"校长蹲下身，看着眼前这个眼睛如黑夜里的星星一样闪闪发亮的小男孩，"钟扬，你被破格录取了。以后你就是八一小学一年级的一名学生了。"

小男孩一直严肃的脸上，露出了一抹灿烂的笑容。

一直站在一旁看着儿子的钟美鸣却心情复杂。

钟扬现在才五岁多，这个年龄本该上幼儿园，度过无忧无虑的时光。可是幼儿园离家太远，钟美鸣和妻子工作都忙，根本没有时间接送。无奈之下，他们只能做出让儿子提前上小学的决定。

"因为出生的时候不足月，扬子天生体质弱，动不动就生病，性格又羞涩，老受那些调皮孩子的欺负。"

钟美鸣看着儿子，眼神里满是担心，"唉，不知道他成了全校年龄最小的学生后，会不会又成为那些捣蛋鬼们捉弄的目标。"

小小少年的读书生涯正式开始了。

每天一大早，小钟扬就在小鸟们"叽叽喳喳"的叫声里，从被窝里一骨碌爬起来，赶紧洗漱吃饭。等收拾妥当，他神气地背上小书包，牵着妈妈的手蹦蹦跳跳地朝学校出发。

距离八一小学不远处，有一个卖烤饼的小店，旁边是一家书店。香喷喷的烤饼是小钟扬最喜欢吃的美食。这一天，经不起孩子的央求，妈妈王彩燕给钟扬买了刚出炉的烤饼。

看着手中还冒着热气的美食，小钟扬用力吸了吸鼻子。正当他打算好好享受烤饼时，他的目光被书店门口摆放的一本《十万个为什么》吸引住了。

"妈妈，这烤饼我一口也没碰，我们把它退了吧。"知道家里生活不是很宽裕的小钟扬偷偷咽了一下口水，伸出的小手却没有丝毫犹豫，握着烤饼举到了妈妈跟前。

王彩燕一愣："这可是你的最爱，真的打算退掉它？"

"嗯！我要用买烤饼的钱，把那本书买下来！"小钟扬毫不犹豫地点点头，望着那本《十万个为什么》，小脸上露出异样的光彩。

这本书他听爸爸念叨过很多遍了，尤其是被自己五花八门的问题问得头大的时候，爸爸都会忍不住嘀咕一声："你的小脑袋里怎么会有这么多的奇思妙想啊？要是能有一本《十万个为什么》就好了，你这个喜欢打破砂锅问到底的娃娃，就可以在里面找到各种答案了。"

爸爸的话，早就让《十万个为什么》在小钟扬的心里扎了根，他做梦都想有一本。今天好不容易碰到了，当然得赶紧把它买下来。

至于最喜欢吃的烤饼，虽然小钟扬有些舍不得退掉，但它当然没有《十万个为什么》重要。

"扬扬真乖。"王彩燕捧起儿子稚嫩的小脸，狠狠亲了一口。

（二）被老师"嫌弃"的故事大王

学校里除了日常上课，还经常组织学生去农村帮忙干活，体验农民的辛苦。

这天，孩子们跟着老师，去黄冈农村摘棉花。刚开始摘的时候大家还觉得新奇，一个个干得有模有样，可很快他们就像霜打的茄子，没精打采起来。摘棉花又枯燥又劳累，真是个苦差事。

"钟扬，讲个故事提提神吧！"一个同学率先央求道。

同学们一听，顿时来了精神。大家早就发现班里这个年纪最小的孩子是个"故事篓子"，肚子里装了无数个有趣的故事：哪吒闹海、三打白骨精、三国演义、战国七雄……

不管是什么故事，小钟扬都能讲得无比精彩，常常让同学们听得入了迷，彻底忘记了时间。

"那我就给你们讲小交通员潘冬子的故事吧。"钟扬立即进入了"故事大王"的状态，眉飞色舞地讲了起来。

"……潘冬子想，游击队因为缺盐，很多人腿都肿得走不动路了。好不容易弄来这点儿盐，可千万不能让敌人搜查了去。可是白花花的盐就在这里，一眼就能看到，怎么才能糊弄过去呢？"

棉花田里，蹲成一圈围住小钟扬的同学们，心被揪得紧紧的，连大气也不敢出。

"苦思冥想了好一会儿，机灵的潘冬子有了一个好主意。他把盐化成了盐水，再把盐水倒在自己的棉衣上。……上了山，冬子脱下棉衣，放进水里，揉一揉，搓一搓，再把水倒进锅里，煮呀煮，煮呀煮，水煮干了，锅里就只剩下白花花的盐了。"

"哈哈哈……"孩子们听到这里，忍不住哈哈大笑起来。

听到笑声，不远处的班主任又好气又好笑地摇摇头。好气的是这帮小家伙不好好干活，却听起了故事。好笑的是，小钟扬这个故事大王讲得实在精彩，连他这个班主任都听入了迷。

"都干活去！钟扬，不许捣乱！"想起老师的职责，班主任收起笑容，板起脸走到了学生们跟前。

孩子们嘟着小嘴巴，不情愿地散开了。不过，因为听了小钟扬精彩的故事，他们之前的疲劳早就一扫而光，又一个个生龙活虎地摘起了棉花。

"有故事大王在，枯燥的劳动生活倒是多了不少乐趣。"班主任看着孩子们，忍不住笑了。

一天的劳作之后，质朴的农民用农家饭菜热情地招待了这群城里来的孩子们。吃饱喝足后，学生们回到了临时宿舍。这里距离市区很远，他们晚上就住在村里，不用来回跑了。

乡村的夜宁静而美好，偶尔传来几声虫鸣和狗叫声。

负责值勤的班主任挨个宿舍巡逻，看孩子们是否已经乖乖上床睡觉了。等他走到自己班的孩子们所在的宿舍时，却听到里面传来了一个熟悉的声音。

"三太子冲出水面，对哪吒大呼小叫着：'打死我家夜叉的是你吗？'

"哪吒一脸无辜地承认道：'是我，不过这真不关我的事。我正在河里洗澡，谁也没招惹，谁知道你家夜叉突然就冒了出来，一句话不说，拿起斧头就劈。你说有人劈我我能不躲吗？所以我就用乾坤圈挡了一下，结果你家夜叉就死了。我还正纳闷儿呢，那么大块头的家伙，怎么一点儿也禁不起打啊？我就那么轻轻碰了一下，他咋就没气了呢？'"

一阵大笑声响起，是听故事的孩子们发出来的。有的小家伙听得兴起，忍不住敲起了床。

班主任嘴角露出一丝掩饰不住的笑意。钟扬这小家伙不愧是故事大王，故事讲得比小人书还精彩。

"听完这个故事就乖乖睡觉！"

听到班主任的声音从窗外响起，小钟扬和同学们连忙答应："好的，老师。"

小钟扬没想到，他这讲故事的本领，引起了住在他家隔壁一个名叫小明的同班同学的不满。

听到自己的妈妈总是"钟扬长钟扬短"地夸赞钟扬，又加上看到班主任对钟扬"另眼相看"，小明早就气不打一处来。这天傍晚瞅准机会，他鼓动班里几个淘气包，趁着钟扬一个人的时候，一起拿小石子扔他。

"扬子，你回来了？"

听到门响，爸爸亲热地叫了一声。孩子独立上学、放学已经有段时间了，以往回到家，小钟扬第一件事就是跑到厨房找吃的。

"嗯……"

小钟扬含糊地答应了一声，就直接跑进了卧室。钟美鸣的眉头微微皱了起来，他觉得儿子今天有点不对头。

"今天这是怎么了？我们的小馋猫怎么突然改性了？"

钟美鸣边想边推开了卧室的门，却发现儿子表情慌乱地往袖子里缩胳膊。

钟美鸣心头一惊，赶紧掀起了孩子的上衣。小钟扬的脊背和胳膊上那星星点点的红印子，让他的表情瞬间大变。最让钟美鸣心惊肉跳的，是小钟扬额头上也红肿了一大块，而且受伤的位置距离眼睛已经很近了。

"到底是谁欺负你了？"钟美鸣急了，"快告诉爸爸！"

妈妈闻声从厨房跑来，看着儿子额头上、身体上的伤，眼圈立即红了："到底是谁把你打成这样的？我去帮你讨回公道！"

小钟扬"吧嗒吧嗒"掉起了眼泪，可无论爸爸妈妈怎么追问，他却始终不肯说出欺负他的同学的名字。

"唉！"爸爸妈妈一起心疼地叹了口气。

这孩子从小就这性子，被别人欺负了却从不还手，连告状也不会。

第二天，身上的伤还没好利索的小钟扬又兴高采烈地去上学了，半路上遇到了欺负他的那几个家伙。

"早上好。"小钟扬早把昨天的事情抛在脑后了，亲热地跟他们打着招呼。

几个淘气包一整晚都提心吊胆，怕钟扬告状，怕自己被老师和爸爸妈妈责罚。当看到这个弱小的同学不仅没有告状，而且一点儿也不记恨人，甚至还在其中一个孩子的要求下，绘声绘色地给他们讲起精彩的故事，几个小家伙羞愧地垂下了头。

"这个故事篓子其实挺讨人喜欢的。"

"以后我再也不欺负他了！"

"对！我们还要继续听他讲好听的故事呢。"

（三）跳级高考

时光如白驹过隙，转眼间钟扬读高一了。当年那个五岁读一年级的小不点儿，已经长成了少年。

这天早晨，钟扬和往常一样拿上英语书，爬到城外一座山上早读，可他的脸上却没有了以往的笑容。

一直以来，钟扬都是同学们的"开心果"，他们遇到不顺心的事时，都会来找钟扬诉说心事。钟扬要么开导一下，让他们的心情很快就"阴转晴"；要么会千方百计想办法，帮他们解决难题。

可这一次，钟扬自己却遇到了一个大难题。

事情得从钟扬的爸爸说起。

钟美鸣在黄冈中学连带两届毕业班，他的学生高考成绩优秀得令人称羡。因工作表现突出，钟美鸣被提拔为黄冈地区高等院校招生办副主任。

1979年，教育局出台了一项石破天惊的规定：出类拔萃的高一学生可以直接参加高考。也就是说，就算没有读完高中，也可以直接跳级考大学。

"不用读完高中，直接考上大学……想想那个画面——大学校园里，出现了一个戴着大学校徽的小小少年……哎呀，那多威风啊！"

成绩优秀的高一学生心头一片火热，个个摩拳擦掌。很快，23名优秀的高一学生报了名，要参加这特殊的跳级高考，其中包括钟扬和他的好朋友黄梵。

钟扬和黄梵一直都是班里的尖子生，他们两个囊括了班里的各项第一名。每次考试，不管是单科成绩还是总分，从来都没有悬念，不是钟扬第一，就是黄梵第一。

这两个势均力敌的对手，私下里是无话不谈的好朋友，两个人对跳级高考都满怀期待。

可就在三天前，平时忙得根本见不着人影的老钟同志，却罕见地准时下班了，一进门就一脸严肃地把儿子叫到了跟前。

"扬子，你不能参加跳级高考。"

仿佛在寒冬腊月里被人从头顶泼了一瓢冷水，钟扬连声音都变了："为什么？！"

"我是招生办的副主任，要处理几万名考生的招生工作。因此，我自己的儿子必须要避嫌！"

"我是凭自己的成绩报名的，跟您的副主任没有任何关系。因为我是您的孩子就要被拒之门外，那也太不公平了！"钟扬轻咬嘴唇，"爸爸，您别对我那么残酷，就让我试一试吧！"

钟美鸣强忍着心中的难过，语气却是斩钉截铁："我就是管这个的，如果你去参加跳级高考，别人会觉得是我给你开了后门。"

向来温和的钟扬被爸爸的固执气得小脸通红："大家都各凭本事，我哪有什么后门？就因为我是招生办副主任的儿子，就要被剥夺参加跳级高考的权利？"

"不行就是不行！"老钟避开了儿子的目光，"你可以明年参加。"

向来都对爸爸尊重、信任的钟扬眼圈红了，一摔门跑了出去……

想到这里，钟扬的心头再次涌起了委屈。为这件事，他已经三天三夜没有理睬老钟了。

"钟扬，你果然在这里早读。"一个熟悉的身影从山下气喘吁吁地走了上来，不停地擦着额头的汗珠。

"班主任老师？您怎么找到这里来了？"钟扬又意外又感动。

"还在跟你爸爸怄气啊？"班主任轻拍了一下钟扬的肩膀，"我们都知道这件事对你很不公平。可老钟也是为了工作，其实他心里也很不好受。"

钟扬没吱声，把目光投向了山上一丛怒放的野花。

"虽然不能参加跳级高考，但你可以试试报考中国科学技术大学的少年班。"

"少年班？"钟扬猛地转过头，眼睛里迸发出异样的光彩，"老师，您快跟我详细说说！"

"中国科学技术大学的少年班在全国可是赫赫有名，考上的学生无一不是少年天才。"班主任凝视着钟扬，"不过，想考取这所大学可不容易，要历经千辛万苦。今年中国科学技术大学只在全国招收20名少年班学员，而整个湖北省只招收两名。"

"我一定会全力以赴的!"有了新目标的钟扬,整个人都"满血复活"了。

"这孩子。"班主任看着眼前还不到15岁的少年,忍不住笑了起来。

钟扬开始没日没夜地勤奋学习,妈妈王彩燕经常在深夜一点看到儿子的卧室还亮着灯。功夫不负有心人,几个月的时间,还没读完高一的钟扬,就将全部高中课程都学完了。

不久,过五关斩六将的初试开始了,中国科学技术大学负责招考的老师对着眼前的少年频频点头:"你语文很好,化学也很好……"

初试告捷,钟扬却丝毫不敢松懈,因为还有复试在等着自己。要知道,中国科学技术大学可是自主出题、自主面试,没有任何人能给他提供参考和建议。

在紧张的等待中,复试终于来了。看着眼前的白纸,钟扬很是惊讶,抬头看向监考老师。

"老师,试卷呢?"

老师微微一笑:"我现在口头告诉你们题目,我说完之后你们就开始答题。"

"这复试还真够特别的。"钟扬集中注意力听着老师的口头题目，然后在白纸上"唰唰唰"地写了起来。

等到钟扬垂头丧气地走出临时考场，一直等在外面的老钟赶忙迎了上来，一迭声地追问道："考得怎么样啊，扬子？有没有把握？"

"考糊了。"钟扬沮丧地摇摇头。他自我感觉发挥得不好，考中的希望应该不大。

没想到第二天好消息就传来了，整个黄冈中学都沸腾了。他们学校的高一学生钟扬，顺利通过了中国科学技术大学各环节的考试，被录取了！整个湖北省只有两名学生通过了考试，钟扬正是其中之一！

（四）挑着扁担去少年班

钟家挤满了前来祝贺的人，钟妈妈满面笑容，张罗着给大家分水果糖吃。那时候家家都不宽裕，就算家里出了大学生这样值得好好庆祝一番的喜事，也没有钱去饭店请吃饭。买水果糖的钱，也是从牙缝里省出来的。

一群记者围着满脸羞涩的少年，非要让他谈谈拿到录取通知书的体会。"少年才子""小天才"……一大堆闪亮的头衔都加到了钟扬的身上，他有点不知所措，赶紧跑到以前晨读的山上躲清静去了。

开学在即，王彩燕却辗转难眠起来。儿子考上了全国闻名的中国科学技术大学少年班，这可是大喜事。孩子去上大学总要穿得体面些吧，总不能跟以前一样，衣服穿了又改，改了又穿。

"无论如何都要给扬子置办一套新衣服。可是家里实在是拿不出钱来买新布料，怎么办呢？"

思索再三，妈妈把家里唯一一块压箱底的新布料拿了出来。布料太小，做套新衣服远远不够，只能接在钟扬一条没有补丁的裤子上，就算是添置新衣了。

"颜色对比太不协调了。"看着拼接而成半新半旧的衣服，王彩燕无奈地叹了口气。她又翻箱倒柜找出了老钟的一套衣服，把它改小成钟扬穿的尺寸。

"当妈的对不住你。"看着儿子穿上用丈夫的旧衣服改小而成的"新衣"，王彩燕心头涌起一股酸楚。

"蛮好看的，我妈的手可真巧。"钟扬却毫不在意，咧嘴爽朗地笑了，"衣服有的穿就行，是新的还是改的有什么要紧？"

1979年9月12日，老钟带着儿子出发了，目的地是安徽合肥。湖北和安徽紧挨着，但那时候交通不发达，父子俩得先去黄石坐轮船渡江，再坐汽车到芜湖，然后再渡江，之后再转乘汽车、火车……

一路风尘仆仆，等父子俩抵达目的地合肥的时候，已经是三天之后了。虽然旅途辛劳，第一次出远门的钟扬却很是兴奋。

这天上午，中国科学技术大学的新生报到处，出现了一对用扁担挑着行李的父子，夹杂在众多来自大城市的新生中，显得有些格格不入。

钟扬却丝毫没有留意这些，而是新奇地打量着大学校园。少年班学制五年，前三年不分专业，大家一起学习数学物理方法、概率统计、电磁学、经典力学、量子力学、英语等课程。等到了大三以后，再根据个人志愿选择专业。

这里的老师也不像高中一样上课，细细讲解知识点，而是主要起点拨作用。因为考进少年班的同学，

个个都"身怀绝技"，表现特别优秀，对学习有着很强的自觉性，自学能力也超强。

比如班里有个叫黄茂芳的同学，每次物理都能考满分。最让人震惊的是，他之前从来没接触过英语，从零开始，可考少年班的时候，却能顺利通过。

还有一位同班同学，开学不久就在准备考研究生了，很有雄心壮志。

"真是怪才！"钟扬对班里这些同学的出色表现连连咂舌，同时心中也有了一种无形的压力。从小学开始，一直到读黄冈中学，钟扬的成绩一直出类拔萃，可在这里，他在班上都很难崭露头角，更不用说在全校遥遥领先了。

中国科学技术大学实行学分制，只要能修够学分，就可以提前完成大学课程。跳级在这里是家常便饭，比钟扬早一年考到这里的几个学生，甚至在中学时就自学完了大学课程。等进入大学校园，他们直接跳级考取了研究生，节约了四到五年的时间。

"这些家伙也太厉害了！"

钟扬有了一种想逃回家的冲动，但爸爸的话却回响在耳畔："我每个月给你12块钱的生活费，还有3块钱的零用钱。除了放暑假和寒假，你都不能回家，在学校抓紧时间刻苦学习。"

无奈之下，钟扬给好友黄梵写信，诉说自己的心事。黄梵当时参加了跳级高考，被南京理工大学录取。

"拿出你不服输的那股子劲头来！"黄梵的回信很快就来了。

在好友的鼓励下，钟扬很快调整过来，没事就去泡图书馆，如饥似渴地汲取着知识的甘露。

虽然读的是理工科院校，可一直酷爱文学的钟扬，闲暇时就给同学们讲故事。从小就是故事大王的他，此时讲故事的水平可谓炉火纯青，深得大家的喜爱。他们围在钟扬周围，生怕听漏了一个字。

1980年，16岁的钟扬和舍友冯珑珑合写了1.5万字的美学论文，深得老师的好评。

钟扬开始在中国科学技术大学展现出自己的优秀，他所绽放的光芒，随着时间的流逝，越来越耀眼。

02

飞扬的青春

（一）爱给所长"送礼"的研究员

1984年7月，20岁的钟扬大学毕业了，获得了工学学士学位。毕业后，他被分配到中国科学院武汉植物研究所工作。此时的钟扬，已经从当年的小不点，长成了身高足有1米8的小伙子，高高大大，意气风发。

钟扬在中国科学技术大学学的是无线电专业，被分到植物研究所工作，是不是专业不对口呀？这缘于当时中国科学院下属的十几个研究所都配备了计算机，而全国懂计算机的人才屈指可数。就这样，钟扬和其他一些跟计算机专业相关的大学生被分配到了各个研究所。

武汉植物研究所坐落在东湖边，风景优美，和著名的高等学府武汉大学遥遥相对。这里每隔一小时才有唯一的一路公交车开往市区，到傍晚5点就停运了。

年轻人爱热闹，和钟扬一起被分配来的研究员们很为研究所的偏僻头疼，钟扬却觉得这里远离喧嚣，正好可以专心搞研究。

"维护所里的电脑系统"是钟扬的具体职责，可是当时所里只有一台土得掉渣，半天启动不起来，还动不动就死机的电脑"老祖宗"，根本没有什么电脑系统。

更让钟扬尴尬的是，所里的植物专家们经常故意指着各种植物考问他这个大学毕业生，经常问得钟扬哑口无言，这激发了他不服输的劲头。于是，钟扬利用工作之余，近水楼台，开始埋头研究起植物学，一有空闲就拿起专业书，一种一种地对照着认识那些植物。

"只这样零星学习不够。"上进心很强的钟扬做了一个决定，"既然要学，就要学得像模像样。"

武汉大学的校园里，从此多了一个骑单车的年轻人的身影。老师对这位旁听生印象深刻，因为他是课堂上最认真的一个，做出的笔记又整齐又丰富，堪称范本。而且这个学生记忆力非常出色，几乎达到了过目不忘的程度。

仅仅一年的时间，钟扬就背熟了几十万种植物的学名和拉丁名。

钟扬一开始只是想摆脱被考倒的尴尬处境，但很快，他就被植物学这门对他来说曾经很陌生的学科深深迷住了。

> "迄今为止，地球上已知的植物有30余万种，还有100多万种植物未被开发利用。"被植物家族的庞大震惊了的钟扬，突然有了一个想法，"既然植物的数量这么多，就必须进行分类、鉴定和命名，以便研究物种之间的'血缘'关系和分类系统。"

窗外的几棵开满花的树在微风中轻轻摇摆着树枝，仿佛在为钟扬的话鼓掌。

"这是一项超级庞大的工作，光靠徒手分类显然是不行的。"钟扬的眼睛闪闪发亮，"如果把植物学和计算机信息处理技术相结合，那岂不是两全其美？"

说干就干。这个曾经在植物所无所适从、找不到自己位置的年轻人，开始了对中国植物分类学的大胆探索和研究。

钟扬的办公室是实验楼一楼最东边的那一间。屋里的灯，是整个植物所里每天最后熄灭的那一盏。第二天天还不亮，这间办公室里就又亮起了灯光——钟扬一天的工作开始了。

"敢想敢干，思路开阔。钟扬，我看好你。"实验楼外，所长静静凝视着钟扬办公室的灯光，赞许地点点头，"这个年轻人，将来大有前途。"

又一个炎热的夏天到了，钟扬来到植物所已经两年了。此时，他已经利用业余时间，完成了武汉大学所有的生物课程学习，并获得了硕士学位。

因为表现突出，钟扬同时被破格提拔为助理研究员。研究所里的植物专家们，开始对这个小伙子刮目相看了。

这只是开始。

短短几年的工夫，钟扬承担了多项研究课题，展现出了惊人的创造力。6年之后，钟扬被破格提拔为副研究员。又过了4年，只有32岁的钟扬已经晋升为研究员了。

时光的列车"轰隆隆"地开到了1997年，钟扬开始担任植物研究所的副所长。这可是副厅级干部。

整个研究所都轰动了。要知道，这可是中国科学院系统里最年轻的副厅级干部！

"这升官的速度，可真够快的！快赶上过山车了！

不，是直升机！"有人开始在背后议论。

"还不是靠给所长送礼！"一个中年发福的男子，压低声音，一脸神秘，"我亲眼看到过好几次，那个钟扬提着大包小包的，走进了所长的办公室。"

"我也看到了！不只是我，很多人都看到了。"一个女员工摇摇头，"送礼也不知道躲着人，就那么大摇大摆地闯进去！"

"啥？送礼？钟扬给我送礼？"听到这些闲言碎语的所长先是一愣，紧接着哈哈大笑起来。

说钟扬提着大包小包进他的办公室倒也没错。为了更好地搞研究，钟扬经常去外地参观访问。每次出差回来，钟扬都会第一时间跑到所长的办公室，把学到的看到的一一详细汇报。他随身背着的行李，就被不知情的人当成了贵重的礼品。

"要是植物所多几个这样'送礼'的人，我做梦都要笑醒了！"所长笑得合不拢嘴。

他骄傲啊，武汉植物研究所可是挖到宝了。钟扬这个家伙，用他的长处研究当时国内没有人进入的"计算生物学"领域，在一片没有前人足迹的荒漠里，开垦出了一片耀眼的绿洲。

（二）荷花做"媒婆"

和钟扬一起就职的，有一个叫张晓艳的女生，毕业于北京林业大学。来到武汉植物研究所后，张晓艳被分配到荷花研究组。

湖北有"千湖之省"的美誉，孕育了很多种荷花。为了更好地研究荷花，所里专门开辟了一块地方，摆放着一个个大水缸，里面种着各种各样的荷花。

张晓艳每天都会在不同的时间去观察荷花，开展研究。当时所里还给性格文静的张晓艳安排了一个很特别的任务：带领钟扬进入植物学的大门。

于是，钟扬完成本职工作后，就跟着张晓艳"混"。看着一个美丽的女生像看小说一样饶有兴趣地翻阅着植物学的书籍，钟扬很是好奇。他最初想多学些植物学知识的想法，是被所里那些科班出身的植物专家们问急了眼，激起了心底的要强。可眼前的女孩，却明显是发自内心地对植物学深深着迷。

钟扬忍不住问道："植物学有这么有趣？看你读专业书跟看小说一样。"

"植物学可不就是一本超级好看的长篇小说嘛！"一提起植物，张晓艳的眼中就异彩闪烁，"里面有太多有趣而又迷人的东西了。就拿荷花来说吧，它被称为'活化石'，已经历经一亿多年。在这漫长的时间里，很多物种都灭绝了，可荷花却仍然顽强地活在地球上。"

"活化石？"眼前这位女孩的话，让钟扬对陌生的植物学产生了强烈的好奇心。

为了让钟扬更快更好地了解植物，张晓艳邀请他一起去郊外的大湖里采集荷花的各种数据。晨光里，夕阳下，经常可以看到两个并肩观察荷花的身影。两张年轻的脸庞上写满了专注和认真。

也就是在此时，钟扬心中第一次冒出来那个"把计算机知识应用到植物研究中"的想法。

张晓艳进行荷花分类的工作很是烦琐，需要按照某一个特征定类别，先分成两大类，然后再往下细分。如果一开始就错了，后面的正确率就会大打折扣。

　　"为什么不用数量分类的方法来避免人为的错误呢？"

　　"这个思路很棒！"对钟扬的想法，张晓艳大为支持，并给出了建议，"那你更得多学点植物学和生物学知识了。否则的话，你用计算机处理数据的时候，只会把它们当作冰冷的数字，而不是鲜活的生命，也不会对这些数据产生感情。"

　　钟扬的心中掀起了惊涛骇浪，并暗下决心："我在中国科学技术大学花了1万多个小时去学习无线电，然后成了这个领域的专家。那么，我就拿出同样的时间去研究生物学，让自己精通这个领域。"

　　用计算机来进行数量分类的想法诞生后，两人立即动手。张晓艳负责测算各种数据，区分它们之间的差异，寻找规律，并进行精准的分类，然后再把这些数据送到钟扬的计算机室。

　　一起工作的过程中，两个二十岁出头的年轻人惊喜地发现彼此有那么多的共同语言。不久以后，钟扬和张晓艳两人开始合作撰写论文。

　　经过一段时间的努力，凝聚了他们共同心血的

《荷花品种的数量分类研究》横空出世，这是中国将数学分类法应用在植物学中的先例，获得了湖北省优秀论文奖。

那个专心研究荷花的倩影，渐渐地在钟扬的心里生根发芽。每当听到办公室外传来熟悉而轻盈的脚步声，钟扬的嘴角都会忍不住上扬，一丝甜蜜在心中弥漫开来。

就在此时，张晓艳暂时离开了武汉，被派往北京，到中国科学院继续研究荷花，那里的设备比武汉植物研究所更齐备，配备有电子显微镜等精密仪器。

半年后，张晓艳因工作需要又在北京和上海两个城市之间来回奔波起来。

武汉植物所里，钟扬呆呆地看着一个个大水缸里依旧亭亭玉立的荷花，感觉心中空落落的。他开始一封接一封地给远方的张晓艳写信，倾诉心中火热的情感和深沉的思念。

"这个叫张晓艳的，信件可真够多的。"上海植物生理研究所的门卫室里，负责分拣信件的门卫轻笑着摇摇头，"而且看这些来信的地址和笔迹，分明是出自同一个人。"

1988年3月，和煦的春风吹拂着大地。武汉火车站里，钟扬看着眼前久违的恋人，一脸憨笑，郑重而又略带紧张地向张晓艳求婚了。

有情人终成眷属。

（三）被海关盘查的神秘礼物

1992年，钟扬接受了美国密歇根州立大学标本馆主人约翰·比曼教授的邀请，前往美国开展科研工作。

密歇根州立大学有数万名学生，来自美国以及其他国家和地区。毫不夸张地说，这里就是一个缩小版的世界，不同肤色、不同习俗的年轻人，在校园里一起孜孜不倦地求学。

约翰·比曼教授上下打量着眼前的年轻人，虽然之前有书信往来，但这是他们第一次正式见面。约翰可是密歇根州立大学里的重量级人物，是国际著名的植物学家。

"钟，我知道你是学无线电的，那可是新兴的行业，用你们中国人的话说，很时髦。可为何现在你却选择了传统的分类系统学？"

"搞植物分类的专家可是最长寿的人。"钟扬笑道，"我也想活个大年纪，当个百岁老寿星。"

约翰哈哈大笑起来："钟，你很幽默，我很欣赏你。"

钟扬很快融入了新的生活，成了校园留学生眼中的红人。大家对这位年轻的科学家充满了感激，因为钟扬负责编辑的留学生月刊《密友》，带来了国内的消息，让那些远离故土、饱受思念折磨的游子们感受到了莫大的安慰。

更多时候，钟扬像着了魔一样地潜心研究，快要24小时"长"在实验室里了。

"钟，这是实验室的钥匙，拿着！"金发碧眼的美国专家干脆热情地把包含大门、办公室、工作室的一整套钥匙递给了钟扬，"有了它们，你就可以随时进出了。"

"谢谢你。"钟扬有些感动，顽皮地打趣道，"不过你就不怕我会趁机'窃取'实验室的机密？"

"哈哈！"美国专家朗声笑道，"恰恰相反，我在期待着你这个中国专家搞出新的研究成果，传授给我们一些'机密'呢！"

半年后，妻子张晓艳也来到了这个陌生的国度，和丈夫一起做研究，攻读博士。

他们住在大学所在的兰辛市，热情好客的钟扬夫妇的小屋，成了附近最热闹的所在。不少学者、学生和当地居民有事没事就喜欢往那里跑，对他们来说，和钟扬聊天比看幽默故事还有趣。小屋里常常爆发出欢快的笑声，都要把屋顶掀翻了。

小屋让众人着迷，还有一个原因，那就是中国来的钟扬可是个"厨神"。受到爸爸的影响，钟扬从小就对厨艺很着迷，连馒头都会自己做。红烧排骨、煲汤，都是钟扬的拿手好菜。

于是，在众人的央求下，这位远道而来的学者，在科研搞累了的时候，就跑到超市去买食材。当地的

鸡肉很便宜，钟扬买了一些鸡肉，研究出了一鸡三吃——麻辣鸡丝、鸡肉饼、鸡架汤。

"钟，你是我认识的科学家里做饭最好吃的。"前来做客的朋友们一个个吃得红光满面，赞不绝口。

钟扬很高兴，因为这样的生活让他的英语突飞猛进，他已经能说一口很地道的美式英语了。

同时，钟扬不负众望，出色地完成了"等级分类学数据库"设计，相关论文发表在国际著名的刊物《生物信息学》上，引起了不小的轰动。美国生物学权威学者干脆让钟扬举办了专场演示会，钟扬在会上介绍了他的研究成果，引起了国际同行极大的兴趣。

时间转眼到了1998年，归国的日子越来越近了。钟扬和张晓艳看着眼前一个沉甸甸的储钱罐，相视一笑。武汉植物研究所的那台老式计算机，可一直是钟扬的心病。它的工作效率太低了，很耽误事。从刚到美国开始，钟扬就精打细算，希望购买一些先进的新设备带回国。

"钟，你真的要回去？留下来吧，我们会给你非常好的待遇！"密歇根州立大学伸出了橄榄枝。钟扬的设计实在是太令人惊艳了，这样难得的人才，他们不惜重金聘请。

钟扬笑着摇摇头。

"你有什么要求尽管提，只要你肯留下，我们会尽力满足你的所有要求！"密歇根州立大学再三挽留。

钟扬再次谢绝了。

此时选择留下，各种条件和待遇的确要比回国好得多，因此出现了一些出国深造后再也不想回国的人。更多的人则是左右为难，不知道该怎么选。

钟扬对此却从来没有纠结过，因为回到祖国继续做科研是他从来没有动摇和改变过的坚定信念。

"好吧，我们尊重你的决定。不过请记住，钟，任何时候只要你改变主意，这里的大门永远对你敞开。"约翰·比曼教授惋惜地摊摊手。

两天以后，机场海关的盘查处，工作人员凝视着眼前崭新的设备，疑惑的目光落在了前来提货的钟扬夫妇身上。

那个年代，出国的人大多会带回冰箱、彩电、洗衣机、空调等紧俏的大件家电，放在家里，惹得周围人很是艳羡。但眼前这两位风尘仆仆的归国学者，却搬回来一整套的计算机设备和一台复印机，这太不寻常了。

"这套设备是你买的？"工作人员表情严肃地盘问道。

"嗯。"这一整套的价格不便宜，钟扬和妻子张晓艳可是省吃俭用了好久才攒够钱的。

"准备放在家里自己用？"工作人员继续问道。

钟扬摇摇头："不是，我买来送给单位的。"

海关的几位工作人员交换了一下眼色，脸上怀疑的表情更加深了几分。

也难怪他们会怀疑。怎么可能有人用自己省吃俭用节约下来的钱给公家买设备？！

计算机和复印机就这样被扣押了，给出的理由是有逃税嫌疑。钟扬奔波了好几天，海关的工作人员才确定，这些崭新的设备真的是钟扬自己掏腰包，买来送给武汉植物研究所的一份神秘的大礼。

看着眼前这位衣着简朴的科学家，海关工作人员的眼中流露出了深深的敬意。

03

科学怪人

（一）副厅级干部辞官

"听说了吗？钟扬要辞职了！"

2000年的一天，平日幽静的武汉植物研究所里仿佛炸开了锅，人们纷纷谈论着一个爆炸性的新闻。

钟扬在1994年建立了"计算生物青年实验室"，并担任主任。这几年下来，他为所里培养了一批青年人才。

此时的钟扬，早已经是副厅级干部，更是国内植物学领域的青年领军人物。凭他的职位和取得的成绩，大可以安稳清闲地坐在办公室里，只需要动动嘴皮子，指挥手下一大批人去干活就行了。

"中国科学院武汉植物研究所副厅级干部"，这是多么闪亮的头衔啊，是多少人梦寐以求的！

放着这么好的日子不过，竟然要辞官？

副厅级干部要辞官，这样的怪事以前连听都没听过，更不用说亲眼见到了。

"你真的要走？"在曾经见证了钟扬和张晓艳爱情的荷花缸旁，钟扬的同事兼好友王有为看着36岁的钟扬，"你可是在这里工作16年了，真的舍得离开？"

想到以后无法再在同一个单位工作，王有为感觉到一股深深的惆怅。回忆起和这位挚友相处的点点滴滴，即将分别的难过更是笼罩了王有为。

之前王有为并没有和同事交朋友的打算，可是当从美国做访问学者回来的钟扬把跨越万水千山背回来的几十盘音乐磁带放在他面前时，王有为被深深打动了。

"多么热心的人啊，只因为我喜欢音乐，但有些磁带国内当时还买不到，这家伙就大老远背了这么多回来。"

从此以后两个人就成了无话不谈的好朋友，不仅工作中亲密无间地合作，业余时间还搞起了小乐队，一个作词一个作曲，玩得不亦乐乎。

"16年了。"钟扬看着眼前熟悉的一草一木，心头也涌起了深深的留恋，"这可是一段不短的时光，有太多值得回忆的片段了。"

"真的决定要去复旦大学当环境资源系的老师？"王有为很是担心，"到了那里，可是要一切都从头开始。你就要从副厅级干部，变成普通教授了。"

钟扬很清楚他将面对的是什么。当时的复旦大学环境资源系，可是名副其实的烂摊子。那里的老师纷纷辞职，学生更是不愿意报考。学生们还私下做了一个排行榜，工作不好找的专业被列入"闲系"，学业紧张的专业则被排在"苦系"。

而环境资源系呢？它连进入"闲系""苦系"的资格都不够，在排行榜里独占一类："垃圾系"。

就连对钟扬发出邀请，让他去复旦教书的陈家宽教授，都忍不住在电话里劝道："我这里条件可是苦啊，跟你以前的工作环境根本没法比。你要不要再考虑一下？"

陈家宽是武汉大学生物学、生态学教授，钟扬做旁听生时，被陈教授的渊博学识折服，而陈家宽也对这个勤奋好学又聪慧的学生赞不绝口，年纪相差17岁的两人于是成了忘年交。

后来，陈教授被调到了复旦大学，担任生物多样性科学研究所的所长。上任后，他开始到处寻找"急救"队员，想让已经"奄奄一息"的复旦大学生态学科获得一线生机。

人品好、学识渊博的钟扬，无疑是最佳人选。

面对眼前这个交情颇深的忘年交，陈家宽憋了好几天，才鼓足勇气开口——他实在是难以启齿啊！让人家钟扬从副所长的位置下来，去收拾一个烂摊子，工资待遇也明显不如从前，这换作那脾气急的，说不定当场就跟他翻脸，以后连朋友都没的做了。

听着电话里陈教授那纠结的声音，钟扬爽朗地大笑起来："等这边办完手续，我就立即去找您报到。"

陈家宽心中感动，可身为钟扬的好友，他还是有些不忍："就算你不怕吃苦，愿意从头再来，可你的父母都在武汉工作，你确定要离开他们跑到上海来？还有，你怎么跟晓艳交代？"

话筒里，钟扬浑厚深沉的声音清晰地传来："落棋无悔。"

"你得跟我去上海。"晚上，钟扬一边在厨房里忙活着自己的拿手菜，一边愧疚地看着给自己打下手的妻子。

张晓艳莞尔一笑："我的丈夫要去实现他做老师的

梦想了，我当然要全力支持。"

钟扬很是意外："你不怪我？"

换作别人，看到丈夫把副厅级的职务抛到一边，自讨苦吃去做个穷教授，十有八九会数落上几天。

张晓艳笑了："我们是夫妻，我还不了解你？你最热爱的事情，莫过于潜心学术、教书育人。而所谓的名与利，对你根本不算什么。"

"得妻如此，夫复何求！"钟扬满足地感叹一声，深情地拥抱住妻子，在她的额头上印上深深的一吻。

（二）复旦大学新来的 36 岁教授

几个月后，办好了所有离职手续的钟扬，带着妻子和大包小包的行李，风尘仆仆地前往复旦大学生命科学学院报到。

院领导亲自在校门口迎接，握着钟扬的手连声感慨："堂堂中国科学院武汉植物研究所的副所长，却到我们这里来当个普通教授，太屈才啦！"

钟扬笑容灿烂："做一个既搞科研又搞教学的大学

教授，我高兴得很。"

张晓艳虽然做好了陪着丈夫吃苦的充分准备，但当她看到眼前的临时宿舍时，还是大吃一惊。

狭小的宿舍里堆放着一些杂物，临时搬来的两个长板凳放在地上，上面摆了一张床板，就算是床铺了。

负责接待的工作人员难为情地挠着头："实在对不住，因为最近来的人多，教职工宿舍暂时没有空出来的房间，只能委屈钟老师您和张老师在这里先凑合着住几天。"

张晓艳微微皱眉，心中暗想："这居住的条件，也太简陋了些。"

"有个住的地方就行。这里风吹不着雨淋不到的，挺好。"钟扬却毫不在意，冲着妻子一抱拳，"夫人，这里就辛苦你收拾一下。我得赶紧去实验室，有几个学生已经在等我了。"

崭新的生活开始了。

第一天的安排是新职工培训，钟扬和复旦大学毕业留校任教的博士任文伟一见如故，晚上约好到东门一家叫"老巷"的小饭馆吃火锅，并叫上了实验室的几个学生一起。

"别看这里小，味道着实不错。我在复旦大学读书时，遇到高兴的事情，准来这儿美美地撮上一顿火锅，庆祝一下。"任文伟热情地招呼着大家入座。

锅里热气腾腾，各种食材在里面上下翻滚，散发出诱人的香味，刚刚认识的老师和学生之间的陌生感很快就消失了，他们一起拿起筷子，热火朝天地吃了起来。

"老任，你的推荐没错，这里的火锅做得地道！"钟扬夹起一块香菇放进嘴里，露出满足的表情。

"钟老师，您跟我们说说，科研应该怎么做才对呀？"一个学生边吃边问。

另外几个学生也支起了耳朵，等待着这位新来的只有36岁的年轻教授的答案。

钟扬表情神秘："我觉得吧，做科研要向四种动物学习它们的品质。你们猜猜，是哪四种动物？"

教授这个回答大大出乎大家的意料，几个年轻人的胃口被吊了起来，兴高采烈地猜测着。

"肯定有牛，因为它勤劳！"

"我猜其中一种是马，因为它跑得快。"

"钟教授，您就别卖关子了，快告诉我们到底是哪四种动物吧！"

看着学生们猴儿急的样子，钟扬笑了："刚才有同学说对了，牛的勤奋的确是必需的。科学实验需要大量数据反复验证，而不断收集、整理和分析数据枯燥乏味，要学习牛耕地时的埋头苦干、不问收获。"

"那另外三种呢？"年轻人们忘记了吃火锅，急不可耐地追问道。

"这第二种嘛，要有狗的敏锐嗅觉，能辨认出哪些课题是有价值的。而第三种，就是兔子。要是想到了好的研究方向，就要撒开脚丫子狂奔，做到'跑得比兔子还快'。"

就在大家竖起耳朵，等着钟扬揭晓第四种动物时，他却停住不说了，而是再次从火锅里夹起刚煮好的美味："大家快吃呀，再不捞出来就煮老了。"

学生们彻底急眼了："钟老师，您倒是快说呀，最后一种动物是什么？"

钟扬没直接回答，而是模拟了一种动物的叫声。

"不是吧，您让我们跟猪学习？"一个学生差点被惊掉了下巴。

"没错，就是猪。"钟扬笑道，"你们可别看不起猪，它可是心态最好的动物，无论遇到多大的糟心事，照常该吃吃、该睡睡。要是没有猪的这种心态，在漫长的科学研究道路上，要经常面对失败，我们岂不是要郁闷死？"

大家笑成了一团。

任文伟凝视着眼前这位年轻的同事，心中暗想："妙语连珠，思维敏捷，善于用风趣的语言表达深刻的道理，想让人印象不深刻都难。不愧是被大家寄予厚望的青年才俊哪！"

看门老大爷对这位新来的年轻教授同样印象深刻。

钟扬一进入复旦，就忙成了陀螺，在实验室待到后半夜是家常便饭。看门老大爷并不知道这个情况，还是像往常一样，一到了下班时间，就尽职尽责地把楼门的铁链锁上，然后回值班室睡觉。

这天，看门老大爷夜里三点起来上洗手间，突然发现实验室的门缝里有个人。他吓了一大跳，赶紧拿起手电筒照过去。只见一个人正用力撑开铁链锁，使劲吸着肚子，从门缝里一点点往外挤。

"钟教授？！"等老大爷看清楚这个人的脸，不由得愣住了。等他回过神来，看着钟扬那滑稽的样子，又忍不住笑出了声。

"你每次被锁在实验室里，都是这么吸肚子挤出来的？以后要是再加班，跟我打声招呼就行，我随时都可以起来给你开门。"

"不能给您添麻烦。"钟扬顽皮地做了一个胜利的手势，"这样挤门缝，正好可以督促我减掉肚子。"

（三）西藏大学老师们的"赌约"

时间的列车行进到了2001年8月。

著名的"日光之城"拉萨，晚上的气温像过山车一样飞快下降，白天穿一件长袖就足够了，晚上加上厚厚的外套，却还是冻得瑟瑟发抖。

这一切都让第一次来西藏的钟扬备感神奇。他组织了和生态学、植物学有关的6个人，正在青藏高原进行为期10天的野外考察。

平均海拔3650米的拉萨，送给钟扬的第一份"见面礼"就是高原反应，从踏上这片土地开始，他的脑袋一直晕乎乎的。夜里，钟扬一行入住的宾馆里突然出现了一阵骚乱，一位导游几乎是带着哭腔在呼喊："谁懂日语或者英语？快来帮忙啊！"

"我会！"

钟扬立即挺身而出。导游看到他，宛如抓住了救命稻草，赶紧把他带到一位已经进入半昏迷状态的日本游客跟前："他的高原反应越来越严重，我们已经联系了医院，准备抢救。可是他听不懂中文……"

　　钟扬冒着午夜的严寒做起了翻译，日本游客很快就转危为安了。通过前来就诊的医生，钟扬和他的同伴们得知，高原反应竟然有17种。

　　"17种？"钟扬和同伴们听得直咂舌，"这么多？！"

　　第二天，野外考察正式开始了。清澈的湖泊、高耸的雪山、纯朴的民风……西藏的一切都让钟扬6人心驰神往。但最让他们痴狂的，是在这里看到的神奇的植物王国：高高的巨柏、长在山坡上的江孜沙棘、大花红景天……

　　"这里有数不尽的植物宝藏，是植物学家的研究圣地！"一个前所未有的决定，开始在钟扬心里萌发，"西藏，等着我！我回去后尽快申请，以后就在这里扎根了！"

　　2002年的春天，海拔3000多米的西藏大学，在这座世界海拔最高学府的校园里，背着双肩包的钟扬，风尘仆仆地出现了。

　　"西藏，我来了！我来晚了，但余生，我和你再不分离！"

　　尽管眼前这位教授是从复旦大学报名前来支援西藏大学教育的，负责接待他的本地老师依然表情平淡，丝毫没有表现出对远道而来新同事的热情。

　　国家一直动员各地支援西藏，这些年来，陆续有不少从北京、上海、天津等大城市到来的援藏老师，但多的能待上两年，少的也就一年，然后就从哪里来回哪里去了。

　　唉，这也怪不得人家。高原缺氧，对来自平原的人来说，是一种巨大的煎熬。如果在这里持续工作超过两年，人体可能会出现各种各样的问题：心脏变得肥大，肺功能受损，等等。

　　总不能为了援藏，连自己的命都不要了不是？

　　就算是极个别身体素质好，能适应这高原缺氧环境的，也会担心自己的科研会荒废掉。

　　本地的老师们偷偷打起了赌："我赌这位钟老师能待半年。"

　　"我赌一年半。听说这位钟扬教授，在复旦大学可是大名鼎鼎。原本我们学校有意聘请他做副校长的，却被这位名教授拒绝了。他说自己是来搞研究、教学生的，不是来当官的。"

"我赌一年。我们这里的植物学专业之前连个教授都没有，更别提设立博士点了。在这里，想申请做课题都不够格，怎么搞研究嘛！"

也有的老师对钟扬抱有一丝期待，他们渴望这位千里迢迢前来的教授能真的为西藏大学做点什么。

尤其是当看到钟扬一有时间就苦练藏语，渐渐地已经能跟藏族同胞们用藏语开心地交流，他们更坚信这位教授跟以前那些期限一到就打道回府的人不一样。主动学习藏语，可是这么多年来支援教学的教授里唯一的一个。如果钟扬没有做好长期留在西藏的打算，费这个劲干吗？

"索朗顿珠，以后这就是我的藏族名字了。"

钟扬中气十足、略带上海口音的普通话，在偌大的教室里回响起来，原本昏昏欲睡的学生顿时来了精神。因为师资极缺，之前给他们上课的老师很多都是本科生，甚至还有大专生，教的内容极其简单，学生听得索然无味，"上课睡觉"几乎已经成了每天的日常。

眼前这位，可是从著名的复旦大学来的名教授，大家都想看看名教授上课是什么样子。

诙谐幽默、妙趣横生的课程开始了，躲在教室外偷听的校长和本地老师们，听着教室里不时传出的阵阵笑声和掌声，脸上很是震惊。透过窗户，他们看到这群平日里一上课就打瞌睡的学生，一个个竖起耳朵，身体笔直地坐着，眼睛闪闪发亮地紧紧盯着前面的钟教授，并认真地做着笔记，唯恐错过老师说的哪怕一个字。

"莫非这新来的钟扬会魔法不成？"

下课后，看着把钟教授围得里三层外三层，久久不肯离去的学生们，校长和本地的老师们脑袋上一起冒出一个硕大的问号："这帮熊孩子什么时候变得这么好学了？上了整整两个小时的课，竟然还意犹未尽？！"

更让他们震惊的事情还在后面呢！

这天，钟扬找到了副教授琼次仁，鼓动他申报国家自然科学基金。

"你说啥？"琼次仁被惊得差点从椅子上摔下来，

"申请国家自然科学基金？就凭我？这怎么可能？！"

钟扬却信心满满："没试过怎么知道不行？西藏大花红景天的居群分布，有很强的西藏地域特点，是其他地方的植物学家根本无法进行的研究项目。"

琼次仁捂着胸口，盯着钟扬，嘴巴一张一合，却一句话也说不出来——他是真的被吓到了："申请国家级项目对连个博士点都没有的西藏大学来说，简直就是痴人说梦。"

在钟扬的坚持下，申请书交上去了，最后的结果是没有通过。

"早就知道会是这个结果。这个钟老师，也太能异想天开了。"老师们纷纷摇头。

钟扬却毫不气馁，带着琼次仁千辛万苦跑到野外搜集新的原生植物样本，获得了丰富的第一手资料，然后对之前的项目申请书进行反复修改。

2003年，一个消息让西藏大学彻底沸腾起来：钟扬和琼次仁联合申请的项目申报成功，而且一举成为国家重点项目!

很多老师都当场落泪了。这可是西藏大学建校以来获得的第一个国家自然科学基金项目!

整所大学变成了欢乐的海洋,所有人都看到了希望。原本他们以为待在西藏大学搞科研是永远没有出路的。现在他们才明白,是之前的方向错了,西藏有着不可比拟的独特优势。

众人再也挡不住心中熊熊燃烧的火焰,争先恐后搞起了科研,而钟扬也有了一个重大的任务:每年3月份,指导西藏大学的老师填写国家自然科学基金项目申请书。

所有人看钟扬的眼神都带着小星星:上海复旦大学来的这位名教授,竟然在西藏大学搞出了这么大的动静!

想起当初"钟扬能在这里待多久"的"赌约",老师们难为情地拍拍脑壳,笑了。

（四）"钟大胆"

钟扬开始频繁地在西藏和上海之间来回奔波。他的节奏，让有着丰富进藏经验的人胆战心惊。

正常来说，为了应对高原反应，从平原到青藏高原，需要给身体一点儿时间，比如在拉萨先适应几天，然后再开展手头的工作。

"从上海坐最晚的航班，凌晨2点到成都，然后赶早上7点第一班成都飞拉萨的飞机，上午9点半就到拉萨了，可以直接工作。"

向来温柔的张晓艳，听了丈夫的飞行计划，也忍不住发火了："你以为你是铁打的吗？晚上不用睡觉了？"

"我这样安排，时间一点儿也不会浪费。"钟扬有点小小的得意，"等到了成都，在机场迷糊几个小时，就休息过来了。"

张晓艳微微皱眉："那等到了拉萨，你的工作是怎么安排的？"

"我明天得去那曲，等到了拉萨机场，就赶紧去坐开往那曲的火车，晚上9点就到了。"

那曲有一个钟扬负责指导的观测站，他需要经常过去。

"那曲？"张晓艳的眉头皱得更紧了，"如果我没记错，那里的海拔在4500米以上，而上海海拔只有4米。也就是说，你打算在那么短的时间里，从海拔4米上到海拔4500米？！你是不是疯了！"

钟扬有点心虚地偷看了妻子一眼。结婚这么长时间，这是张晓艳第二次朝他发脾气，第一次是因为钟扬出现了"醉氧"反应。

那天是为了赶复旦大学一个很重要的会议，刚从海拔5000米的地方采集种子回来的钟扬，马不停蹄地奔赴拉萨，然后飞回上海。

等回到家里，钟扬开始胸闷、头昏、浑身乏力。人的身体刚刚适应了高原地区的低氧环境，重新来到氧气含量比较高的低海拔地区，同样会不适应，产生各种"低原反应"，也叫"醉氧"。

当时张晓艳又心疼又担心，发火数落了丈夫一通。

"青藏高原拥有世界上最丰富的高山植物资源，但在全球最大的种质资源库中，却没有一粒西藏植物种子的影子。所以，我得抢时间啊。"钟扬轻轻搂住妻子瘦弱的肩膀，温柔地解释起来。

"我必须做些什么，填补这个空白！"钟扬记得自己刚得知这件事的时候，心被狠狠地撞了一下，特别疼，"来自西藏的种子没有进入种质资源库，是巨大的缺憾！"

"可是西藏有那么多种子需要采集，我总是感觉时间不够用。"

还有一点，钟扬没敢告诉妻子。高原反应给人体带来的不可逆转的伤害，十年以后会慢慢显现，这让他有一种紧迫感。

"你呀……"看着丈夫凝重的神情，张晓艳的眼圈红了。

得到了妻子的谅解，钟扬又出发了。看着那个坚决的背影，妻子张晓艳唯有既心疼又无奈的一声叹息。

　　这天，悬崖边弯弯曲曲的山路上，一辆越野车正在小心行进着，穿着藏袍的司机整颗心都提到了嗓子眼。

　　这条路司机走过很多次了，曾经亲眼看到几辆车冲出了山路，一头掉下了悬崖。

　　在这条路上，意外随时可能发生。司机的藏族朋友们可是千叮咛万嘱咐，车里坐着的是他们尊敬的钟扬教授，特意从上海来支教的，可不能有半点闪失。

　　就在此时，一块大石头突然掉落下来，径直朝着车子的顶部砸去。石头砸中的位置，正是钟扬坐着的副驾驶座！

　　"咣当"一声巨响，副驾驶座顶部瞬间发生了剧烈的变形。

　　"钟老师！"司机大惊，失声大叫起来。

　　"我没事，别担心。"变形的空间里，钟扬狼狈地猫下身子，憨厚的脸上露出一个宽慰的笑容。

　　看到钟老师没有受伤，司机这才放下心来。看着已经被石头砸得面目全非的车子，他感到深深的后怕。

　　如果石头掉落的位置再偏那么一点儿，如果他慌乱之下没有把好方向盘，如果……

　　钟扬回到学校，对刚刚从死神手中逃脱的事只字未提。直到晚上听到司机讲述这惊险一幕，本地老师们才知道这一天钟扬经历了什么。

　　他们无奈地叹口气："你这个'钟大胆'，真能为了研究豁出命去。"

　　"钟大胆"这个名字，从此成了钟扬的外号，在西藏大学传开了。

04

为种子痴狂

（一）死面饼子

西藏的无人区里，出现了一个穿着已经磨得有些发亮的冲锋衣、背着双肩包的身影。高原炽热的阳光，把钟扬晒得皮肤黝黑，脸颊上也出现了"高原红"。这位儒雅的复旦教授，现在颇有了几分藏族汉子的粗犷豪迈。

强烈的紫外线像锋利的小刀子划在钟扬的脸上，他却根本顾不上这些。

为了采集树枝上的种子，钟扬需要折下细细的结着果实的树枝。如果在平原上，这动作再简单不过，一眨眼的工夫就能完成。可这里是平均海拔4000多米的西藏，就算躺在床上一动不动，也会因为严重的缺氧而感觉眩晕和耳鸣。

"啪！"寂静的无人区，响起了一声脆响，这个动作花了钟扬足足三分钟。他大口大口地喘气，缓解因为折树枝给身体带来的巨大不适——脑袋疼得像要炸裂开来，身体软绵绵的，眼皮特别想粘在一起……

"这高原反应，真是凶险无比。"缓了好一阵子，

钟扬才有力气把果实放进双肩包里。

夜幕降临了，钟扬在山上找了一个背风的地方，用牦牛皮搭建了一个帐篷。因为氧气不足，随身携带的煤油灯根本点不着。钟扬往里面加了一些酒精，那煤油灯才"极不情愿"地亮了起来，微弱的火苗东倒西歪，随时都可能熄灭。

原本想趁着晚上的时间将白天采集来的种子进行归类整理，看到这种情况，钟扬只得作罢。

连煤油灯都罢工，想点起火堆烧饭就更不可能了。辛苦了一天的钟扬连口热水也没的喝，只能啃着自带的食物——没有滋味的干饼，加上一些咸菜。

一提到干饼，连外出放牧的藏族同胞也会下意识地皱眉头。那是一种用慢火烘烤做出来的死面饼子，又硬又干，虽然容易存放，但很难消化，吃到胃里很不舒服。不到实在没有办法的时候，谁也不愿意碰它。

钟扬却充满感激地看着手中的干饼："出来采集种子，可是要翻山越岭的，体力消耗很大。难消化的食物正是我需要的，因为吃了它肚子不容易饿。至于它没什么味道嘛，饿了的时候，就相当于给它加上了调味料，吃起来就会觉得很是鲜美了。再说了，不是还有咸菜嘛，死面饼子就咸菜，那味道可是相当好。"

于是，原本谁都不喜欢的死面饼子，在钟扬的眼里变成了野外考察的最佳美食。

摸黑用死面饼子填饱肚子后，钟扬钻进被窝，准备睡觉了。"早点睡，明天一大早就起来，压制植物标本。"

高原白天太阳能把人晒坏，可到了晚上，气温骤降，又能把人冻坏。虽然盖着厚厚的被子，缩成一团，钟扬还是冷得直哆嗦，没多久就被冻醒了。

"每个样本得收集5000颗种子，而且两个样本之间的距离不得小于50公里。"钟扬听着外面呼啸的风，想着心事，"时间太紧迫了。"

第二天，天刚蒙蒙亮，几乎一夜没合眼的钟扬就从被窝里爬了起来，啃了几口死面饼子，然后继续进行种子的采集。

高强度的工作让钟扬的身体承受了巨大负荷，等背着满满一包种子回到西藏大学时，他已经虚弱得走路一步三晃了。好不容易挪到了宿舍，钟扬一头栽倒在床上，爬不起来了。

闻讯赶来的本地老师们很是担心："老钟啊，你都连续拉肚子十几天了，这是一种严重的高原反应，说明你的身体早就吃不消了，在强烈抗议。"

钟扬咧着嘴憨厚地笑了："我媳妇嫌我胖，正好可以趁机减减肥。"

忍着高原反应继续早出晚归的钟扬感动了整个西藏大学，学生们开始加入种子采集的"特别行动队"，和他们敬爱的钟扬教授一起外出采集青藏高原的植物种子。

（二）边吃边"呸"的光核桃

这几天，西藏大学不论汉族还是藏族的老师和学生们，看向实验室的目光都有些古怪。

一位藏族学生终于忍不住了，偷偷问身边的好友："你吃过那光核桃了吧？觉得味道如何？"

这位好友下意识地捂住嘴巴，感觉嘴里又泛起了那种让他一辈子也忘不掉的苦涩味道："太难吃了！我

这辈子就没吃过那么难吃的东西！"

跟着钟扬采集种子的藏族学生德吉听到这里，忍不住笑出了声。

光核桃，很多藏族学生都认识，开花很漂亮，树木高大，基本上都能长到10米以上，是最高的桃树品种。有些藏族人还会采集光核桃的种子榨油，用它来炒菜。

虽然也是桃子的一种，但光核桃的味道却跟那些又脆又甜的桃子有天壤之别，光核桃又苦又涩，难以下咽。

钟扬教授说这是当今桃子现存的最古老的祖先，很多光核桃的大树，已经有1000多岁了。种子采集小队于是收集了两大麻袋光核桃，足足有8000多颗。

等把这堆成小山的光核桃运回西藏大学的实验室里，大家却发愁了。

"怎么把里面的种子，也就是俗称桃核的东西取出来呢？"

"我有办法。"

钟扬教授看着愁眉不展的学生们，脸上露出一抹神秘的笑容。他在实验室门口铺了一张桌子，上面放满了光核桃，然后亲自上阵，对着路过的所有人发出了热情的邀请："快快快，来尝一尝桃子的老祖宗——光核桃。"

一位汉族老师好奇地拿起一枚光溜溜的光核桃，迟疑道："老钟，这个能吃吗？"

"怎么不能吃？味道还很独特呢！"钟扬一本正经地答道，"赶紧尝尝吧！保准你再也忘不了它。"

汉族老师眼睛一亮，迫不及待地啃了一口光核桃。一股苦涩的味道顿时在嘴巴里弥漫开来，汉族老师浑身一哆嗦，"呸呸呸"地吐了起来。

一位在学校负责做饭的藏族朋友正好经过，连连摆手："这个东西不能吃！以前只有猴子才吃它，后来连猴子都不稀罕了。"

"什么？！"汉族老师气得一蹦三尺高，"老钟，你故意捉弄我呢，把猴子都嫌弃的桃子拿来让我尝！"

钟扬满脸堆笑："今天所有路过的人都得尝一尝。多了也没有，每人就七个。如果不这样做，里面的种子怎么能取出来嘛！"

　　"敢情这是在抓免费的劳动力啊！"汉族老师又好气又好笑，"老钟，你真行，这么苦的果子还好意思让我啃七个！"

　　"钟老师自己已经啃了一堆了。"一名学生小声嘀咕道。

　　"唉，真拿你没办法。"汉族老师的气顿时消了，却故意板起脸，"就七个啊，再敢多一个，我就跟你绝交！"

　　"当然，一个也不会多，一个也不能少！"钟扬连连点头，"等你吃完了，就用牙刷把光桃核细细刷干净，再用布擦干上面的水分，然后放在阴凉处晾干。千万记住了，是晾干而不是晒干，种子要是被晒了，质量就会变差的。"

　　"不仅得啃，还得自己负责洗干净啊！"

　　汉族老师抱着几个光核桃，一边啃一边"呸"着，无奈地离去了。钟扬热情地对着正朝这边走来的另外几名老师招呼起来："快来尝尝刚摘回来的光核桃！"

　　德吉想到这里忍俊不禁，对着还站在那里派发光核桃的钟扬笑道："我们要是这次采集的光核桃再多一点儿，估计钟老师就要把西藏大学的老师和学生们全得罪光了。"

钟扬爽朗地大笑起来："我们的交情，肯定能经得住七个口味独特的光核桃的考验！"

这话没错，西藏大学任何一位老师和学生，都会不遗余力地支持钟扬，因为他在这片土地上扎根的魄力和行动，打动了每一个人。

"许多植物已经濒临灭绝，人们甚至叫不出它们的名字。如果留下它们的种子，就留下了一线生机。"

十几天后，5000多颗被众多师生"啃"出来的种子，从8000多个桃核中"脱颖而出"，送到了建在昆明的中国科学院"中国西南野生生物种质资源库"。

负责接收的同志好奇地嘟囔道："这么多种子，是怎么从光核桃里取出来的呢？"

（三）无人区的拟南芥

2014年的国庆节，羊达乡一面陡峭的山坡上，钟扬和许敏、赵宁等几名学生，手脚并用地艰难攀爬着。山坡上密密麻麻地长满了荆棘，虽然最前面的钟扬和跟随其后的学生都随身带着大剪刀，把挡住他们的荆棘剪掉，大家的衣服还是被尖刺划破了，裸露的胳膊和脸上也被划出了道道血痕。

这是一片无人区，连飞鸟都不肯光顾。

钟扬从地摊上花29块钱淘来的牛仔裤，是他野外采集种子的"专用装备"，此刻却已被荆棘刺穿，钟扬腿上顿时传来一阵阵疼痛。

但这却丝毫没有减少钟扬的兴奋劲，因为他们此行是要去见传说中的拟南芥。

"小白鼠啊小白鼠，你可是让我们好找！ 10年了，终于逮到你了！"想到这里，钟扬忍不住咧嘴笑了起来。

拟南芥是一种看起来很不起眼的小草，普通百姓对它一丁点儿兴趣也没有，因为它既不好吃也不好看。

但就是这种小草，却备受植物学家们的宠爱，全世界有一半的植物学家都在着迷地研究着拟南芥。它在植物界的地位，相当于医学上的小白鼠。在它身上进行的实验，可以应用到玉米、水稻、小麦等跟人们的生活密切相关的农作物上。

如果能在高海拔的西藏找到拟南芥，那意味着找到了活化石。要知道，高原拟南芥可是和世界上其他地方的拟南芥分离19万年了。通过它，可以研究高原植物的起源和进化过程，再现过去漫长的19万年里发生的许多故事。

钟扬和他的同行、学生们已经一起寻找了整整10年，足迹遍布青藏高原的无数高山和低谷，可拟南芥却始终不曾露面。

"难道我之前的估计是错的？在西藏并没有拟南芥？"钟扬凝视着远处的雪山，眼睛里升起一抹坚毅，"不断尝试与挑战，原本就是科学的真谛。拟南芥，你这植物界的小白鼠，不管你藏在哪里，我们都会把你找出来！"

就在不久前，钟扬的学生许敏和赵宁，竟然真的在羊达乡的一座山上发现了拟南芥的身影。因为怕搞错了，许敏和赵宁从多个角度拍摄了照片，并小心地采集了样本。经过多方验证，它的确是如假包换的拟南芥!

"西藏发现了拟南芥,这可是重大发现!"钟扬回忆起第一次听到两名学生告诉自己这个好消息时的情形,再次感觉热血沸腾。

"钟老师,这座山实在是太陡了,您待在原地等我们吧,别上去了。"看着教授脸上一道道的血口子,听着他越来越急促的呼吸声,赵宁有些担心地劝道。

这里的海拔是4150米,钟老师的高原反应本来就很严重,爬山时更会增加这种痛苦和折磨。赵宁很担心已经不是小伙子了的钟老师会吃不消。

此时,灰蒙蒙的天下起了雨。原本这个高度气温就低,冰凉的雨打在身上,更是冷得刺骨,钟扬忍不住打了个寒战。被荆棘划破的伤口,再被雨水一浸,疼得他嘴唇都有些颤抖起来。

"喂,你怎么可以阻止我去跟小白鼠约会?"钟扬说话一如往常那么幽默,"我等这一天,可是等了整整10年了!"

许敏"扑哧"笑出了声:"老师,今天天气不好,要不您再耐心等几天,等天晴了再跟小白鼠约会好不好？"

"不不不，我等不了了。今天必须见到拟南芥，风雨无阻！"钟扬的声音里充满了坚定，"老规矩，我做开路先锋，你们跟在我后面。"

雨越下越大，钟扬身上的衣服全湿透了，贴在皮肤上特别难受。雨帘遮住了视线，更增加了寻找拟南芥的难度。可钟扬却倔强地擦掉眼镜上的雨水，一边继续往上爬，一边细细搜寻着岩石间、峭壁旁的每一株小草。

终于，几个小时以后，他们在荆棘丛里看到几株一尺来高的小草，在风雨中傲然挺立。

"拟南芥！终于找到你了！"

钟扬像个孩子一样眉开眼笑，在山巅放声高歌。所有的疲惫、寒冷，在这一刻仿佛都彻底消失了。

在青藏高原发现土生土长的拟南芥的消息，震惊了国内外植物学界。更让他们震惊的是，钟扬把以最先发现高原拟南芥的许敏和赵宁的姓氏，也是"西藏"首字母组合命名的"XZ生态型拟南芥"，无偿捐献给了全球科研机构。

"老师，如果不是您一直坚持带我们寻找，是不可能在西藏发现拟南芥的。"许敏和赵宁很是不解，"这么重大的发现，如果我们不分享给别人，而是留着自己来做实验，会有很多独有的成果。"

"科学的进步，能造福全人类。"钟扬凝视着远方，"我想，把高原拟南芥对全世界开放，也是大自然和西藏的心愿。"

（四）被教授拒绝的氧气管

人迹罕至的阿里地区，藏羚羊瞪着清澈的大眼睛，好奇地看着眼前出现的种子采集小队。天空中翱翔的雄鹰，也一个俯冲掠过众人的头顶。在这生命的禁区里，它们可是很久没看到人类的身影了。

青藏高原是"世界屋脊"，阿里是"世界屋脊的屋脊"，平均海拔4500米以上，自然形态完整，因此这里有很多珍贵的高原植物，有些甚至是从来没有被挖掘过的特有植物。

"如果能发现一个新物种，对国家来说可是无价之宝。"

钟扬打量着四周绝美的风景："圣湖"玛旁雍错旁边，人称"鬼湖"的拉昂错蓝得让人害怕，湖边是暗红色的小山，美得让人窒息。四周的空旷，让人感觉仿佛来到了宇宙的尽头。

"眼睛在天堂，身体在地狱。"钟扬对此有深刻的感受。

在人迹罕至的地方采集种子，每天都要长途跋涉，脚上被磨起了泡，寒冷、饥饿是家常便饭，折磨人的高原反应更是如影随形。

"已经七天没吃上米饭了。"一个学生舔舔有些干裂的嘴唇，"我好怀念白米饭那香喷喷的味道。"

"小馋猫。"钟扬心中一酸，"等这次完成任务回去，我下厨做几道菜，好好犒劳一下你们。"

"哇，又可以尝到'钟教授私房菜'了。"种子采集队的成员们顿时来了精神。

钟扬可是个不折不扣的美食家，做得一手好菜，学生们隔三岔五就能大饱口福。

"我要吃回锅肉！"

"钟老师您做的酸菜炒肉，是我的最爱！"

"麻辣手撕鸡必须来一大盘！上次我还没吃够，就被那帮家伙抢光了。"

"好，都给你们做。"钟扬笑着一一答应，然后又不放心地叮嘱着，"这里海拔高，大家的动作一定要慢一点，再慢一点。如果谁感觉不舒服，赶紧告诉我。"

其实此时的钟扬正在经受严重的高原反应的折磨，头疼，呼吸急促，走路像在云里。但他努力做出一副若无其事的样子，时刻关注着学生们的情况。

就在此时，一名叫朱彬的男学生脸色苍白，软绵绵地朝后面倒去，幸亏离他最近的另一名同学及时扶住了他，才没有摔到脑袋。

"吸氧，快给他吸氧！"钟扬脸色一变，大声喊道。因为常在野外工作，种子采集队常备着红景天、氧气瓶等能缓解高原反应的药物和装备。

氧气管插入了朱彬的鼻子，伴随着氧气的补充，朱彬缓缓睁开了眼睛。一直紧张地盯着他的钟扬，这才松了口气，又观察了好一会儿，确定朱彬没事，才和学生们一起去搭建晚上住宿的帐篷。

夜色中的阿里，被无垠的天幕笼罩着，天空中挂满了璀璨的星星，如宝石一样闪闪发亮，比平时看到的要耀眼得多。

劳累了一天的钟扬终于扛不住了，躺下准备休息。白天还只是小打小闹的高原反应，此时开始了它疯狂的进攻。钟扬感到头疼加剧，脑袋里发出"铮铮"的声响，就像被人拿铁锤砸头一样。

更恐怖的是，钟扬能感觉到自己的肺部开始缩紧。他想呕吐，却又吐不出来。钟扬挣扎着坐了起来，希望这样能缓解一下窒息感。

躺在钟扬旁边的学生发现了老师的异样，紧张地嚷嚷起来："糟了！钟老师出现了严重的高原反应！"

"快给老师吸氧！"吸着氧气感觉好了很多的朱彬，拔掉了插在自己鼻孔里的氧气管，朝钟扬的鼻孔塞去。这是他们唯一的氧气瓶，而现在，钟扬教授比自己更需要它。

"你这孩子，赶紧躺好了，别乱动。"钟扬剧烈地喘息着，"都这么大的人了，咋还这么不讲……卫生呢？随随便便就把自己插过鼻子的氧气管送……送给别人用？"

朱彬知道老师是故意这么说的，因为他不愿意和自己的学生争氧气。他们出来有一段时间了，钟扬每次都是起得最早的那一个，这段时间看起来憔悴了很多。此刻，在高原反应的折磨下，老师看起来很是难受。

"老师，求您赶紧吸会儿氧气吧！"朱彬的眼睛红了。

"快点插回去。"向来温和的钟扬，此刻却固执得很，不管朱彬和其他学生怎么劝，他都坚持让朱彬继续吸氧。

钟扬心里明白，白天朱彬已经因为缺氧昏迷过一次了，到了晚上如果没有充足的氧气供应，会非常危险。这些学生是跟着他来采集种子的，可不能出任何问题，他得保证把他们都安全地带回去。

这一夜变得无比漫长，在高原反应肆无忌惮的折磨下，钟扬一分一秒地熬着。

好不容易等到东方泛起了鱼肚白，钟扬强忍着身体的不适爬了起来，准备生火做饭。

缓缓升起的太阳，照在钟扬因为缺氧而有些发青的脸上，他心中暗想："高原反应，我又一次战胜你了！"

（五）生死线上的高山雪莲

钟扬越爬越高，他的足迹已经抵达世界上最高的山脉——喜马拉雅山珠穆朗玛峰的大本营一带。因为担心高原反应会给学生的身体带来伤害，钟扬只带着土生土长的藏族学生拉琼和扎西次仁。

他们是奔着世界上生长海拔最高的神奇花朵——生长在海拔6000米以上的高山雪莲而来的。

雪莲在金庸的武侠小说里，是让人无限神往的存在：只见半山腰里峭壁之上，生着两朵海碗般大的奇花。花瓣碧绿，四周都是积雪，白中映碧，加上夕阳金光映照，娇艳华美，奇丽万状。

但现实生活中，却很少有人能亲眼寻到高山雪莲的芳踪。

"高山雪莲，为什么可以在极端环境下傲然绽放？

在强烈的紫外线、大风和高海拔的恶劣环境下，还要经历巨大的昼夜温差，这种神奇的植物到底是怎么存活下来的？"钟扬有一堆问题，需要找到高山雪莲后，通过研究跟它"对话"，解开心中一个又一个谜团。

寒冷引发了钟扬的痛风，他的一条腿疼得抬不起来，额头上全是冷汗。稍微休息后，钟扬仰望着那高高的雪峰，拄着拐杖继续出发了。

拉琼看到钟老师一瘸一拐艰难地攀爬着，脚上的鞋子已经有些开裂，忍不住吸了吸鼻子。他们脚上穿的都是簇新的名牌登山鞋，是不久前钟老师送的。当时拉琼和扎西次仁不肯收，觉得这礼物太贵重，钟扬板起了脸，命令这两个固执的学生当场把鞋子换上。

"爬山就要穿最好的鞋子，防滑，防水，关键时刻能巴住地面，防止跌落悬崖。"

眼睛同样紧紧盯着钟扬背影的扎西次仁咬了咬下唇："老师把那么好的鞋子送给我们，自己却穿这样的鞋子……"

拉琼仰望着蓝天下看起来高不可攀的雪峰，轻声祈祷："但愿这一次，我们不会白来一趟。"

在中国，有二十多种不同的雪莲，多分布于海拔极高、临近雪线的地方，是菊科多年生、一次性开花的植物。

这些聪明的植物，为了保护自己的花朵能够经受住冰天雪地的环境，在叶片和头状花序上生长着极为稠密的白色绒毛，就像给自己盖上了厚厚的羽绒被。

艰难攀爬的三人，在途中遇到了一些攀登珠峰的探险家，当得知眼前几位是搞植物研究的科学家时，探险家们一起摇头。

"你们是不是搞错了？"

"从来没见过珠穆朗玛这么高的地方有什么花草树木。"

"除了白茫茫一眼望不到边的雪，只有又冷又硬的石头。"

笑着告别了满脸困惑的探险家们，师生三人继续前行。

高山上寒风呼啸而过，耳朵像要被冻掉了。钟扬脚底发软，胸口发闷，喘不过气来。这里海拔6100米，已经是很多藏族人的禁区。

　　藏族人从小在青藏高原上长大，即使在海拔5000米的地方放牧，也会悠闲地唱着歌曲，丝毫看不出高原反应。但到了6100米就完全不同了，他们也会感觉呼吸困难，身体无法适应，更何况是来自平原的钟扬？此刻他每往上攀爬一步，都要"呼哧呼哧"喘上半天，钟扬的身体已经到极限了。

　　"雪莲花啊雪莲花，你是在挑战我能承受的高度极限啊。"钟扬感受着高原反应的"疯狂进攻"，嘴角露出一丝无奈的苦笑，"高原反应，这一次你可是太不客气了。"

　　他和高原反应早就是老朋友了，对这个"怪兽"非常了解。常见的高原反应大概有17招，比如头昏、呕吐、腹泻……每一种都够人喝一壶的，而且很少一次只出一招，都是几招一起上来招呼你，每次都让钟扬吃尽了苦头。

　　而且高原反应这个"怪兽"的脾气刁钻，即使跟它混熟了也还是丝毫不讲情面。钟扬已经在西藏待了多年，却还是每次进藏都会遭遇几种高原反应的"热情招呼"。

拉琼和扎西次仁担心地看着钟扬，给他们的老师下起了"命令"。

"老师，要是在这个高度再找不到高山雪莲，我们必须掉头往山下走了！"

"这里太高了，您的嘴唇已经变成青紫色，身体在求救。不能再往上爬了！"

钟扬捂着胸口，心中有些黯然："难道这次，又要无功而返吗？"

就在此时，钟扬的目光落在岩石缝里一棵植物身上，眼睛里顿时散发出光亮。那开着灰白色小绒球花朵的植物，不正是他们一直苦苦寻觅的高山雪莲吗？

"是高山雪莲！老师，我们终于找到它了！"拉琼和扎西次仁顺着老师的目光看去，顿时喜出望外。

在这寸草不生的生命禁区，看着眼前这毛茸茸的花朵，三个大男人在雪山上开怀大笑起来。

钟扬艰难地弯下膝盖，嗅着它的味道。拉琼和扎西次仁也学着老师的样子，蹲下身来。

"有味道吗？"

"哇，好香啊！"

钟扬笑道："它带着一种肉桂的甜香，这可是帮它传播花粉的熊蜂最喜欢的味道，在很远的地方就可以闻到。"

拉琼和扎西次仁不住地咂嘴。植物的智慧，让人叹为观止。

（六）学生的逼问

原始森林里，脚下根本看不见路，只有山洪、雪水冲刷出的一道道沟渠，溪水在里面"哗哗"地流淌着。钟扬和他的种子采集队，每走一步，都要从大大小小、光滑无比的鹅卵石中选择一块来落脚，看起来特别像习武的人在跳梅花桩。

为了减轻对有痛风的膝盖的撞击，钟扬找了一根树枝做拐杖。但即使是这样，每跳一下他的腿也会疼痛难忍。

鹅卵石常年泡在水里，上面长满了青苔，很难踩稳，钟扬一不小心，一条腿陷进了石缝中的淤泥里。

他忍着腿上传来的疼痛，奋力拔出腿。

就在此时，钟扬发现溪水变成了红色，心头一惊。

"被蚂蟥咬了！"钟扬皱眉看向自己的腿，一个黑色的小东西紧紧贴在皮肤上。

钟扬听一位藏族同胞说过，有个人在一片山里住了一夜，第二天早上起床就流鼻血，吃什么药也没用，一个月来一直血流不止。直到有一天，那个以为自己得了绝症的人因为心情郁闷，一个劲地抽烟。由于抽得太猛，那养得肥肥的蚂蟥熬不住，从鼻孔中掉了出来。他这才知道鼻子流血的原因，想起身体里一直住着一条大虫子，他被吓出了一身冷汗。

此时一位女学生尖叫起来，紧接着是一位男学生的闷吼，他们也先后中招了。

刚拍掉腿上蚂蟥的钟扬，来不及处理伤口，就赶紧一瘸一拐地走了过去。

"被蚂蟥咬了千万别用手去扯它，否则就算强行把蚂蟥撕下来，它的口器也会留在皮肤的伤口里，引起感染。想办法让它自行脱落，然后用碘酒消毒并止血。"

女学生又惊又怕，"吧嗒吧嗒"掉起了眼泪："这荒山野岭的，上哪儿去找碘酒啊？"

"放心吧，我的'百宝袋'里就有。"钟扬边说边取下了外出时从不离身的双肩包。

看着老师低头认真地给自己处理伤口，男学生喃喃道："吃这么多苦采集种子，钟老师，您为什么非要选择做这没有回报的事情？"

"我也早就想问这个问题了。"女学生也嘟囔起来，"钟教授，凭您的实力，要是专心做科研，早就出大名了。"

"就是！"男学生的目光直盯着钟扬，"而采集种子呢，可能过一百年还是看不到它的用途。到那时候，我们早都不在了。"

的确，一天到晚采集种子，风餐露宿，却看不到任何经济效益，甚至这一辈子都无法亲眼见到这么做所带来的成果。

钟扬却深知此举带来的长远影响——一粒小小的种子，可以造福苍生。

地球的生态环境急剧变化，很多植物都濒临灭绝。

仅仅是从2011到2012年，世界上濒危物种就增加了2000个，这意味着平均每天就新增5个物种挣扎在"彻底消失"的边缘，下一秒这些物种就有可能从地球上绝迹。

如果那时候还有它的种子，这些珍贵的标本，就可以告诉后人地球上曾经存活过的生物。而且，可以拿这些种子来培育植物，让它们的身影重新出现在地球上。

"第二次世界大战中，苏联的列宁格勒被德军围困了约28个月，150多万人死于饥荒。"想到这里，钟扬沉声道，"列宁格勒是整个苏联的种子库，存放了大量粮食的植物标本。可是种子库的科学家们宁愿饿死，也绝不动库里的一颗粮食种子。他们知道，这样做是为了亿万人的未来。"

"我们采集的种子可以保存长达400年。也就是说，这400年里，即使沧海桑田，很多植物从地球上不见了踪影，种子库里的种子也可以让这些植物在400年里再次开花结果，继续生机勃勃。"

女生沉默了，男生却依旧不依不饶地追问道："钟老师，可您就是采集再多的种子，它们也不姓钟。费心费力的，真的值得吗？"

钟扬笑了："如果我留下的某个物种的5000粒种子里，有500粒能活下来，那种植物就能恢复生机了。一种濒危的物种重见天日，留在了地球上，继续造福人类，那就是对我最好的回报。"

女生突然想起了什么："老师，您来西藏有多少年了？"

"16年了，时间过得可真快。"往事一幕幕在脑海中闪过，钟扬有些感慨。

16年前刚进入西藏那会儿，钟扬就觉得自己来晚了，从此开始了与时间赛跑的旅程。每年他有150多天在西藏，成了名副其实的"空中飞人"。

一种植物要采集5000颗种子，采集的时候一个地方只能采一两百颗，而且每两颗的距离至少要20米，然后去直线距离不小于50公里的下一个地方继续采集。

这样做的目的，是保证生物遗传的多样性。

为了这一点，单是采集一种植物的种子，就要奔走1250~2500公里。而且为了保证这5000颗种子每一颗都是优质的，钟扬的团队采集时，一般会采集8000颗，这个距离就变成了2000~4000公里。就算是在一马平川的平原地带，这也是一个让人咂舌的距离，更不用说这是在到处都是悬崖绝壁、万年冻土的西藏。

这16年里，钟扬带着他的种子采集队，奔走了50多万公里，收集了4000多万颗种子。围绕地球转一圈也不过才4万公里，钟扬相当于绕着地球走了整整12圈还要多！

05

跟生命赛跑

（一）双胞胎的名字

2002年9月9日，对钟扬来说，这是一个非常特别的日子。他和张晓艳已经组建了14年的温馨小家迎来了新成员，而且一来就来了两个——一对双胞胎男孩诞生了。

初为人父的喜悦让钟扬乐得合不拢嘴。他如获至宝地端详着两个小生命，心中充满了温柔和内疚。

钟扬这些年东奔西走，一直没办法守在妻子的身边，所以他们一直没敢要孩子。

要知道，张晓艳并不是没有事干，她同样有出色的事业，是植物学专业的博士。她平时要带研究生，还有给本科生上课的艰巨任务。

"工作已经很忙碌了，如果再要孩子，只靠一个人哪里忙得过来？"张晓艳带着这个顾虑，一直等到30多岁，才在丈夫信誓旦旦，说以后会尽量多待在家里的保证下，下定决心。

可等到她怀孕后成了准妈妈，钟扬还是忙得脚不着地，依旧和张晓艳聚少离多。

两个小家伙提前来到了这个世界，因为是早产儿，一出生就被送进了保温箱。孩子出生的时候，钟扬正在外地参加一个重要的项目讨论会，没能守在妻子的身边。

"他们的小脚丫好小，他们的头发好软，他们的皮肤粉嘟嘟的……"钟扬笑得眼睛眯成了一条缝，嘴巴咧开着，露出八颗整齐的牙齿。

"别光顾着傻乐了，赶紧给孩子们起名字吧。"张晓艳看着丈夫的样子，轻笑着摇了摇头。

"我早就想好了。哥哥就叫云杉，弟弟叫云实。"钟扬一刻也舍不得把眼睛从孩子身上移开。

"真是个种子狂，连孩子的名字都用植物来命名。"张晓艳忍俊不禁，笑出了声。

植物学科班出身的张晓艳，深知"云杉"与"云实"两个名字的意义。世界上能结种子的植物只有两种：种子裸露在外面的裸子植物和种子长在果肉里面的被子植物。云杉是一种裸子植物，而云实则是一种被子植物。

"他们是我们爱情的结晶，弟兄俩的大名，把你和我的事业都包含进去了。"钟扬继续傻乐，"孩子的小名，你来决定就好。"

张晓艳笑着点头："那就叫大毛、小毛好啦。"

"钟扬教授做爸爸了！而且是双胞胎！"消息传来，复旦大学和相隔万里的西藏大学全都沸腾了。

这一天，生命科学学院最醒目的位置贴出了一张告示，那是研究生们的杰作：钟扬教授和张晓艳博士的遗传学实验取得了巨大的成功，结果为两个新品种：钟云杉、钟云实。

两个小家伙一天天长大，虽然模样一样，外人很难分辨出谁是哥哥谁是弟弟，但他们的性格差别却越来越大。就拿吃饭来说吧，家里的饭桌上必须同时有肉食和素食，因为大毛无肉不欢，而小毛却对青菜、豆腐情有独钟。

最有意思的是，大毛有一次独自去研究生院找爸爸，在几栋楼里转了老半天，却还是分不出东西南北，急得哭起了鼻子。

小毛却方向感很强，同样是一个人去研究生院，熟门熟路的，从来不会搞错房间。但小家伙有一段时间却是个小财迷，最让人啼笑皆非的是，他数学学得不咋样，可是一提到钱，小脑袋立即变成了计算器，算得又快又准。

按说两个小家伙有两位大博士优秀的基因，正常的表现应该是书读得出类拔萃，门门功课都是第一才对。可让人大跌眼镜的是，大毛和小毛却都是各自班里的"倒数第一"，还经常为了"谁最差"争得面红耳赤，不可开交。

钟扬对这一切感觉很神奇，笑嘻嘻地做了决定："那爸爸就把你们转到一个班，这样谁更差不就一目了然了？"

两个小家伙成了同班同学，包揽了班里的"倒数第一"和"倒数第二"。他们的班主任大为头疼，抓住去开家长会的钟扬，愁眉苦脸地倒起了苦水。

"钟教授啊，班上有大毛和小毛这两个小家伙在，我每个月的奖金都被扣个精光，我媳妇都和我闹了好几次了。"

"对不住、对不住。"钟扬满脸同情。不过内心深处，钟扬并不苛求孩子的成绩，而是很尊重他们的天性。

等上了初中，贪玩的大毛突然收了心，每天挑灯夜战，刻苦学习。这突然的大转变，搞得钟扬夫妻二人都没回过神来。那个从小学时代就让班主任头疼，成绩一直牢牢排在倒数的大毛，成绩一路狂升，考入了分数线极高的复旦大学附属中学。

小毛呢，和钟扬小时候很像，是在同学中一呼百应的"孩子王"，有很多天马行空的想法。

钟扬觉得，小毛是他"种子梦"的最好接班人。夫妻俩一合计，干脆把孩子送进上海珠峰中学就读。当时在整所学校里，小毛是唯一一名汉族学生。

钟家的一面墙壁上，挂满了记录孩子们成长的照片，可有钟扬陪伴的合影却屈指可数。

"不是说好了陪我们一起去玩吗？怎么又要走？爸爸真不靠谱！"两个小家伙一起噘起了嘴巴。

"爸爸对不起你们。"提着行李准备再次出发的钟扬一步三回头，看着站在阳台上目送他的那两个小小的身影，心头满是愧疚，"不能一直在你们身边陪伴你们成长，是我最大的遗憾。可是，还有很多种子在等着我去采集。所以，我必须出发了。"

（二）不听话的病号

时光飞逝，到2015年5月2日的时候，大毛和小毛已经长成了身姿挺拔的少年，而钟扬也迎来了自己51岁的生日。

不过，这个超级大忙人可没时间好好过生日，而是胡乱往嘴巴里塞了几口饼干，糊弄一下"咕噜咕噜"直抗议的肚子，就一路小跑，径直来到了复旦大学1号楼。

这里正在进行自主招生考试的面试，"百年大计，教育为本"，钟扬很是重视。

中午12点，面试终于全部结束了。疲惫的钟扬这才发现，窗外不知什么时候下起了瓢泼大雨。

此时，一种前所未有的疲惫袭来，钟扬自嘲道："身体老兄啊，你这是要罢工的节奏啊。好吧，以前答应你有时间就休息一下，却一直食言，看来你意见很大。再坚持一下，等我忙完下午的事情就好好歇歇。"

　　下午钟扬去了小儿子的学校看望他，回到家时已经3点多了，还有一份复旦大学与西藏大学的合作协议正在等他一字一句地校对。

　　"丁零……"傍晚，闹钟的提醒声把正在忙碌的钟扬从工作状态中"揪"了出来。晚上有个小型聚餐，是朋友特意为他的生日准备的。以前因为忙，多次拒绝了好友的心意，这次要是再失约，这位老朋友可真要翻脸了。

　　"表现不错。"好友对钟扬准时赴约很是满意，但随即又把脸板了起来，"你人来了，心也要专一。不准惦记你的西藏、你的种子、你的学生……今天只准专心享受美食，还有好久没见到你人影的一群老朋友。"

　　"听你的。"面对着一大桌丰盛的美食和一张张熟悉的笑脸，钟扬笑了起来。他难得有如此惬意的时光。前段时间身体透支得厉害，今晚就当给自己放个小假。

　　就在此时，钟扬感觉到了身体的异样。他以为是自己太疲倦了，就起身去洗手间洗了一把脸。就在回来的时候，钟扬突然脚下一个踉跄，差点跌倒在地上。

好友和众人惊愕地看着他："老钟，你怎么了？"

钟扬强挤出一丝笑容："可能就是前段时间没休息好。"

重新坐回座位的钟扬，眉头却微微皱了起来。此刻情况变得更加糟糕，钟扬伸出的手，竟然夹不住饭菜了。右腿更是传来强烈的麻木感，钟扬想试着抬动它，却动弹不得。

就在此时，放在一旁的手机不断响起提示音，钟扬下意识地伸手去拿，右手却根本不听使唤。旁边的好友一愣，拿起手机递到了钟扬手里，却传来了"哐当"的声响。

手机落地的声音，震得所有人都愣住了。他们震惊地看到，钟扬伸出的手就那么停顿在半空，仿佛不再属于它的主人。

"不好！"一位医生朋友猛地站了起来，"我们立即送他去最近的医院！我怀疑是脑出血！"

在座的所有人都脸色大变，赶紧遵照医生朋友的指令行动起来。而对这一切，钟扬已经感觉不到了，因为他的意识开始模糊，整个世界都旋转起来……

"血压200，出血点很多，生命体征不稳……"上海长海医院的急诊手术室里灯火通明，医生和护士面色凝重，"准备手术，全力抢救！"

因为送医及时，钟扬从死神的眼皮底下溜达了一圈，缓缓苏醒过来。

张晓艳闻讯赶来，握着丈夫无力的手，泪流满面。钟扬想替妻子擦去眼泪，手却根本动不了，只能深情地凝视着她，期待传递给妻子一些安慰。

大儿子钟云杉也以最快的速度赶来了。少年依偎在爸爸的病床前，一步也不肯离开。此时此刻，他的心中充满了恐惧——对失去爸爸的恐惧。

小儿子钟云实打了一夜的电话都没有打通。心中忐忑的他还不知道，自己的父亲刚刚和死神擦肩而过。

医生表情沉重，盯着病床上虚弱不堪的钟扬："你知道自己每分钟心跳多少下吗？44！这基本就是人体的极限了，要是再少一点，直接就眼睛一闭，永远也醒不过来了！"

"还有，你心脏肥大、血管脆弱，这些都是长期严重睡眠不足，还有频繁在高原地区和平原地区往返的结果。"

"所以，如果想保命，你必须听从我的三个禁令：禁酒、禁飞机、禁西藏！"

"禁西藏？"钟扬脸上露出古怪又无奈的笑容。那可是比要了他的命还残酷。

不过在医院里，他得做出乖乖听话的样子，于是钟扬把行动转为了地下。

第一天还能蒙混过关，没想到，第二天却被护士当场抓个正着。

"您以为这里是大学课堂，还是实验室？"向来轻声细语的护士彻底火了，"不，都不是！这里是医院，我们刚从死神手里把您给抢回来！而您，插着这么多监测生命体征的仪器，却打开笔记本电脑准备工作？"

钟扬自知理亏，躲开了护士喷火的眼神。

"还有你，怎么这么不懂事啊？"护士又把矛头对准了给钟扬带笔记本电脑来的学生赵佳媛，"钟教授得的可不是感冒，而是极其危险、能分分钟要了人命的脑出血！"

赵佳媛低垂着头，不敢吱声。她是多么希望老师能放下一切，先把身体养好啊。可是钟扬再三叮嘱，让她来探望的时候一定要带上笔记本电脑，因为他还有工作没完成。

（三）凌晨3点的闹钟

时针指向了凌晨3点。医院里静悄悄的，只有病床旁的仪器发出轻微的声响。

老师病重，病床前不能缺人，学生们自发组织了一支陪护队，24小时轮值。

今晚是徐翌钦负责守护老师，他静静凝视着病床上还在打着点滴的老师，轻轻叹了口气。那个身高一米八，原本高大而又健壮的钟老师，此刻却静静躺在这里，面色惨白，看起来如此脆弱。

"想不到老师要通过这样的方式，才能让忙得像陀螺一样的节奏按下暂停键。"

徐翌钦正在感慨，突然，一阵急促的闹钟声响起：丁零，丁零……

这清脆的声响，在万籁俱寂的凌晨传出去老远，值班室里的医生和护士脸色大变，拔腿就往传出声音的病房跑去。

"怎么回事？是不是病人情况不稳定了？"

"快去看看！"

徐翌钦也被这突如其来的声音吓了一大跳，好半天才回过神来。这声音是从钟扬的手机里传来的，原来是老师设定的手机闹钟声。

虚惊一场的医生和护士很是奇怪："凌晨3点的闹钟？是以前为了赶飞机而设定的，忘记取消了吧？"

"那是提醒我睡觉的闹钟。"刚刚渡过生死关的钟扬吐字含糊不清，费了好大的劲，大家才听清楚他在说什么。这个回答却让在场的所有人都愣住了。

"凌晨3点才睡觉？"护士大张着嘴巴，像石化了一样。

医生的眉头紧锁了起来："难道你在西藏也是这个作息时间？"

身为医生，他知道在高原上因为缺氧，很多人无法睡沉，经常半夜会醒。为了补觉，他们会早一些上床睡觉，然后早晨晚一点儿起来，每天必须睡够八九个小时，这样才有精神。

如果在高原上凌晨3点才睡，第二天一大早又起来忙活，身体怎么可能吃得消？

徐翌钦的眼圈红了，小声说道："老师，原来您每天只睡三四个小时……"

"以后一定不能这么拼了，要早睡觉！"

13天后，在医生和护士们反复的叮嘱声里，钟扬迫不及待地回到了复旦大学。

9个月后，这个"胆大包天"的家伙彻底把医生的叮嘱抛到了脑后，又坐着飞机朝西藏飞去。

"钟老师？这怎么可能？！"

炎炎烈日下，当拉琼看着眼前暴瘦了至少30斤，走路身体都打晃的那个身影，几乎不敢相信自己的眼睛。他用力揉了揉眼睛，又看看穿在钟扬身上那条29块钱买来的牛仔裤，这才确定自己不是在做梦。

扎西次仁也好半天才从震惊中回过神来，一连声地追问道："老师，您不要命了？您之前得的可是脑出血！"

钟扬怎么会不明白？脑出血的威力可是持续了好几个月，他出院后有很长一段时间，连盒饭都打不开，因为手根本不听使唤，成了半身不遂。

西藏大学的老师和学生们全都目瞪口呆。他们都以为，经历了这场大病，钟扬再也不会踏上西藏的土地了。可是没想到，他这么快就来了。

"钟大胆啊钟大胆，我看这次要给你改名了，直接叫'钟拼命'得了！"一位同事又心疼又无奈地叹口气。

"我可以戒酒，但让我戒掉西藏，那绝不可能！"钟扬咧嘴笑了。

06

无法兑现的诺言

（一）墨脱门巴族孩子们的科普课

墨脱，古称"白玛岗"，藏语的意思是"花朵"。它位于喜马拉雅山脉东段南麓，雅鲁藏布江贯穿全境。

这里风景绝美，交通却极为不便，是全国最后一个通公路的县城。在墨脱公路沿线，到处都是耸立的雪山，很多地段需要从雪山上翻行，公路建成前一年只有两三个月的通行时间，其余时间都在等待冰雪融化。

直到在雪山中间穿过的嘎隆拉隧道开通，这一状况才有所改变。

第一次来这里采集种子的钟扬，因为没有水，已经好几天没有洗脸了。晚上就在车里猫着，因为周围根本没有旅馆。更糟糕的是，冰雹动不动就跑来搞偷袭。有一次钟扬躲避不及，头上被砸起了一个包。后来还是司机带着他找了个山窝子躲进去，他们才没有被劈头盖脸狂砸一顿。

"要是再晚一点儿躲到这里来，我们的脑袋这会儿就要肿成猪头了。"听着外面冰雹肆虐的巨大声响，钟扬摸着头上那个隐隐作痛的包，感到很是庆幸。

墨脱主要住着门巴族人，他们还保留着狩猎的生活习惯，自愿结伙，一起选一个首领出来。等到捕获了猎物，大家就聚集在一起，把肉按照人数分割好，就地烤熟后再背回家里。第一个射中猎物的人，会分到双份。

如果运气好，捕获的猎物特别多，他们就在离村子比较近的地方点火。村里人看到火光，会立即前来接应。按照惯例，打猎的人要把多余的猎物分给村里人，或者就地摆上一桌，和村里人一起大口吃肉、大口喝酒，很是豪爽。

这里神秘的植物和淳朴的民风，深深吸引着钟扬。为了改变当地人窘迫的生活，钟扬在这里做了一个大胆的创举——引进并种植咖啡。

"三四年后，全世界就能喝到我们种植的高原咖啡了！"钟扬盯着长势良好的咖啡树，充满信心。

墨脱的门巴族居民们笑了。眼前这位来自上海名牌大学的教授，穿着藏袍，皮肤晒得黝黑，活脱脱一个藏族同胞的形象。而且他嘴里说的是"我们种植的高原咖啡"，这位教授已经把这里当作自己真正的家了。

这天，钟扬的身影出现在墨脱的一条小路上。走这条路可以最快抵达背崩乡。

"这是一条不能称为路的路。这路上年年走死人，年年累死马。"墨脱军营的战士们看着眼前这位植物学家，眼睛里全是惊讶，忍不住出言劝阻，"您还是回去吧，趁现在后悔还来得及。"

"不能让孩子们久等。"钟扬看看云遮雾罩的多雄拉山，绑好绑腿，义无反顾地出发了。

刚出发不久，就变天了，雪花和冷雾包裹住了钟扬，闻名遐迩的老虎嘴横在了眼前。

700多米长仅能容一人通过的路悬在崖上，上面是倾泻而下的瀑布，万丈深渊下是多雄拉河，河床被茂密的树林挡住，只能听见汹涌澎湃的涛声。

钟扬每一步都走得颤颤巍巍。快要走出老虎嘴时，他被石板上的青苔滑倒，脚猛地伸向崖边，背紧贴在石壁上。上面的水浇得钟扬睁不开眼睛，左手掌被石板边缘划掉了一块肉，小指的指甲被掀掉，火辣辣地疼。

等终于抵达背崩乡的上钞希望小学时，钟扬觉得每一根骨头都在呻吟，每一块肌肉都在哭泣。但看到眼前一双双充满了期待的眼睛，钟扬什么都忘记了，立即开始了他的科普讲座。

"长颈鹿为什么不过河？"

"小老鼠到底会不会做梦呢？"

"草莓和蓝莓是不是亲戚？"

"爬山虎没有眼睛，是怎么爬上墙，而且爬得那么高的？"

伴随着钟扬抛出一个个有趣的问题，孩子们的兴趣全被提了起来。一双双明亮的眼睛，眨也不眨地盯着眼前的这位教授。

"长颈鹿在水里不会像石块那样下沉，而是能漂浮在水面上。不过它的脖子实在是太长了，游泳的时候碍事，很难保持平衡。因此，长颈鹿不会冒险过河，因为在陆地上给它们带来方便的长脖子，进入水里却会让它们有生命危险。"

　　跟随着钟扬风趣幽默的讲述，孩子们来到了一个神奇的世界。这个世界对他们来说很陌生，可是却如此新奇，让人流连忘返。

　　科普讲座结束了，可所有孩子都坐在原地没动。钟扬讲得太有趣了，他们没听够啊！原本以为科学枯燥难懂，怎么被钟老师一讲，比听故事都带劲。

　　"科学原来这么好玩啊！"

　　"等我长大以后，也要当科学家。"

　　有的孩子直接给钟扬改了称呼："'科学大王'，您什么时候再来给我们上课呀？"

　　依依不舍地告别了这些活泼可爱的孩子们，钟扬走进了校长室。

　　"校长，我想个人出资10万元，捐助给我们学校，改善一下孩子们的吃饭和住宿条件。"

　　"不。"校长摇摇头，紧紧握住钟扬的手，"钟教授，如果可以的话，请您以后多来这里几次。您点燃了孩子们心中科学的火种，这比什么都重要。"

　　钟扬痛快地答应了下来。可是这位向来信守承诺的教授没有想到的是，他要失约了。门巴族的孩子们再也等不到他们热爱崇拜的"科学大王"了。

（二）红树林

上海的海滨，钟扬凝视着光秃秃的沙滩，表情郑重："我一定会在这里种下一片茂盛的红树林，让你变得充满魅力！"

"你这家伙，还真是敢想。"听到钟扬这个简直是天方夜谭的想法，教授们纷纷摇头，"上海的冬天很冷，怎么可能种得活红树？很多年前就有结论了，红树最北的种植地，只能到温州。上海可比温州还要往北一大截呢！"

"上海在20多万年前，就有过红树林。"钟扬指着一张照片，"这是我亲眼所见的一枚从上海找到的红树的化石。"

教授们还是摇头："科学可不是瞎搞。你就别瞎折腾了。"

钟扬却不死心，他愿意做第一个吃螃蟹的人。

在西藏的时候，钟扬亲眼看到，青藏高原的很多湖泊因为全球变暖的原因，正在以惊人的速度扩大。气候的这种变化，对上海的影响就是海平面上升。

在海滩上种植红树，可不只是为了美化海滩，更重要的是能给上海安排日夜守护它的"海岸卫士"。红树林里的红树，就像身手不凡的"士兵"，它们盘根错节的发达根系在人们目光看不见的地方紧紧相连，茂盛高大的树冠就像筑起了一道道绿色的长城：防风消浪、固岸护堤、净化海水……

在上海建造红树林的课题，从2005年开始申请，连吃了几次闭门羹，到2007年，钟扬终于得到了上海科学技术委员会的批准。

启动资金很快变成了12种红树的幼苗，从广东珠海来到了上海港口。翘首以盼的钟扬带着学生们在临港地区找了一片荒滩，紧锣密鼓地忙活起来。

"别看现在只有黑乎乎的淤泥，等过几年这些树苗长起来，这里将出现海岸与树林并肩而立的美景。大海的湛蓝与树木的葱绿交相辉映，还有红色的树干……蓝色、绿色、红色完美融合，就像一个童话世界。"看着一株株树苗被种在荒滩上，钟扬的心中充满了期待。

"钟老师，到了那时候，这里一定美得不像话！"学生们听得眼睛闪闪发亮。

时不时就来荒滩上溜达一圈的钟扬，看着红树幼苗一点点扎根发芽，心中乐开了花。

万万没有想到，第一年越冬，钟扬就被狠狠泼了一瓢冷水——一场罕见的冰雪灾害席卷了整个南方，上海温度骤降，红树的小树苗全被冻僵了。

"就知道在这里种不活红树，偏不听。这下撞了南墙，该死心了吧？"之前就反对的教授们纷纷叹息。

钟扬却不气馁，从海南请来了精通红树种植的专家钟才荣，商讨挽救这些冻僵的小树苗的办法，并种下新的树苗。

"红树需要从海里引水，提供盐分供它生长。不过海水的量不能多也不能少，多了就会结冰，把小树苗冻死；少了水分不够，红树会渴死。"两个脑袋紧挨在一起，在海边冰冷刺骨的寒风里，一边冻得直打哆嗦，一边商量对策。

春天到来的时候，红树苗终于发出了新芽，钟扬欣喜若狂："红树挺过来了！"

可还没等钟扬脸上的笑容消失，新的打击又来了。一周以后，当钟扬又去那片他心心念念的红树林，想看看叶子又长大了多少时，眼前的一幕却让他彻底傻眼了——红树几天前刚长出来的新芽，全都不见了，只剩下光秃秃的树干。

这一次的罪魁祸首，是野兔！

随后赶来的学生们都沉默了，几个女生甚至眼睛里泛起了泪花。

"红树林怎么这么倒霉？好不容易扛过了寒流，又栽在了兔子嘴里！"

"老师，这次红树林是不是要全军覆没了？"

"树叶子是被啃光了，可树还活着。"钟扬很快调整好心情，又展现出了他一贯的幽默和乐观，"我们一起来搭防止野兔进来的网好不好？"

"这网说不定用不上。"看到学生们还是没精打采的，钟扬笑道，"来偷吃的兔子们，弄不好觉得红树的叶子不好吃，现在正在奔走相告，让同伴们千万不要来了呢。"

刚才掉眼泪的女生们破涕为笑，和钟老师一起细心地搭起了防野兔捣乱的网。

很快，红树的树苗又长出了嫩芽，在阳光和海水的滋润下，舒展成了一片片绿叶，在海滩上显得格外清新。

原本泛着白色盐碱的黑色滩涂，有了茁壮成长的红树林，田螺、蝌蚪等小家伙们也都争先恐后地在这里安家。曾经荒凉的海滩，变得热闹起来。

"守护是大自然最温情的字眼。苍凉的海畔，红树林沉默而坚定地守护着，就如胡杨林对沙漠的深情，在恶劣的环境下守护出了生命的奇迹。"

永不言败的钟扬诗兴大发。这可是植物学研究中前所未有的突破，是北半球纬度最高的红树林。

看着欢呼雀跃的学生们，钟扬缓缓讲起了有关红树林的传奇故事。

"2004年12月26日，印度洋爆发的那次海啸中，有近30万人失去了生命。

"印度南部泰米尔纳德受灾严重，沿海一带的村民却幸运地躲过了海啸的袭击。救他们的，就是红树林。

"排山倒海的海浪来势汹汹,像巨兽张开大嘴。这些幸免于难的村民当时就躲在红树林里,他们亲眼看到有几条船连船带人全部被卷入大海,一眨眼的工夫,十几个人都遇难了。看着这恐怖的海啸,村民们认为自己必死无疑。

"密集的红树林却毫不畏惧,用枝叶阻挡着海浪的进攻。势不可当的海浪逐渐变得筋疲力尽,只能败下阵来,再也没有了吞没村庄和渔船的力气。

"目睹了这一切的渔民们,一起朝着红树林跪了下来。"

可是,钟扬万万没有想到,他看不到自己送给上海的这份珍贵的礼物长成绿色长城的那一天了。

(三)清晨的车祸

2017年9月25日清晨,钟扬的父亲如往常一样早早起床,给儿子发了很多他和老伴儿的照片。

"扬子怎么还没回复我?"一个小时过去了,看着手机还是毫无动静，钟爸爸有些意外。

儿子虽然是个大忙人，但对他们非常上心，只要一有空闲，就一定会跟他们联系。

"昨晚不是刚给你点过赞吗？"在厨房里做早餐的钟妈妈笑道，"我记得扬子昨天去内蒙古鄂尔多斯市做专题讲座了，今天从银川飞上海，可能这会儿已经在飞机上了。"

钟爸爸记得这事。儿子一直想为民族地区多培养一些人才，所以接受了内蒙古城川民族干部学院的邀请，不辞辛劳地跑了去。

"昨天一天的讲座，今天一大早就跑机场。这孩子，就不能好好睡个安稳觉，下午再飞上海。"钟爸爸又骄傲又心疼地摇摇头。

两位老人做梦也没有想到，此时此刻，他们心爱的儿子，静静躺在一辆车头被撞得粉碎的小车里，已经永远停止了呼吸。他的生命，永远定格在了53岁。

鲜血染红了他从不离身的双肩包，也把钟扬用小纸条记录的备忘录变成了一片殷红：26号下午，研究生院党课；国庆节去北京做讲座……

起风了，早晨的阳光照耀着路旁抛锚的土黄色的大铲车。从鄂托克前旗开往银川机场的出租车，在时速达到104公里的时候，与铲车撞在一起，导致了这场车祸。

这里的清晨很少有人经过，直到早上6点，才有车辆路过，赶紧报了警。

此时的上海，电闪雷鸣。脚步踉跄面色惨白的张晓艳，听到了一个无比残酷的消息——她深爱的丈夫，大毛小毛的爸爸，永远离开了这个他无限眷恋的世界。

前往银川的飞机上，还不知情的大毛一个劲地追问着："妈妈，到底怎么回事？为什么突然要带我来银川？"

张晓艳心如刀绞，可她实在不忍心告诉儿子实情。小小的他，该怎么接受这个残忍的事实？

大毛的笑容逐渐凝固，心中涌起一个不祥的预感："是不是爸爸出什么事了？"

小毛从上海珠峰中学毕业后，在山东潍坊的昌乐读高中。那里离家很远，但钟扬鼓励孩子独立生活，因为男子汉就要学会闯荡。小毛从网上看到了爸爸离开的消息，彻底蒙了的他是由学校领导护送，从青岛坐飞机到银川的。

"9号给我过了最后一个生日……"回忆着爸爸陪伴自己的点点滴滴，小毛的心揪成了一团。

9月29日，最后送别的日子到了。

告别会的会场摆满了花圈。钟扬的同事来了，学生们来了，听过他科普课的很多中小学生和家长也来了……

所有人都泪流满面，他们无法相信，那么好的一个人，怎么说走就走了呢？

白发苍苍的钟爸爸，浑身颤抖地凝视着再也不能憨笑着和他聊天的儿子，白发人送黑发人的悲伤，让他像坠入了不见底的深海，浑身冰凉。钟妈妈因为受不了如此大的打击，卧病在床，无法前来送儿子最后一程。

只有15岁的大毛和小毛，小小年纪就要经受生离死别。他们沉默着，泪水像断了线的珠子一样滑落。

复旦大学生物楼东侧，挂满了学生们含着眼泪折叠的千纸鹤。他们无法奔赴远在千里之外的银川，只能用这样的方式送别他们敬爱的钟扬教授。

很多人无法接受钟老师已经离开的事实，经常会跑到老师办公室的楼下，期待那里的灯光会再次亮起。

"妈妈，我们要去爸爸在西藏的宿舍看看。"告别会结束后，两个孩子一起央求道。在那里，会留下爸爸的影子，会让他们觉得爸爸离自己很近。

宿舍里整齐而简朴。衣架上挂着的几条已经磨出破洞的牛仔裤、早已褪色的宽檐帽、一双鞋底开裂的鞋子，还有一件钟扬最喜欢的藏袍……这些都是钟扬野外考察的装备，此刻它们却被冷落在一旁，再也等不到主人穿上它们，去野外翻山越岭采集种子了……

"大毛小毛，我收到了车祸赔偿金，总计138万元。"张晓艳不敢看孩子们的眼睛，"你们觉得怎么处理这笔钱合适？"

"这是用爸爸的命换来的钱。"小毛率先开口了，"我觉得还是应该用在爸爸的事业上。"

"这也是我的想法。"大毛稚嫩的脸上，写满了凝重。

强忍了许久的泪水，终于在这一刻夺眶而出。一直强撑到现在的张晓艳，搂着两个孩子失声痛哭。

"我亲爱的爱人，你看到了吗？我们的孩子长大了，懂事了……可他们才15岁，未来的路仍然需要父亲的守护，你怎么忍心就这么离开了呢？"

138万元被全数捐了出来，成立了"复旦大学钟扬教授基金"，以此来奖励上海和西藏两地表现优秀的师生。听到这个消息，所有人的眼眶再次红了。

雅鲁藏布江边，扎西次仁用颤抖的手把钟扬的骨灰撒落。这是老师生前无数次冒着生命危险踏入的地方，是他用生命热爱着的土地。

"如果以后我死在西藏，就把我天葬了吧。"

脑海中浮现出钟扬微笑的脸，扎西次仁跪倒在悬崖边，放声痛哭。

现在，老师跟雪域高原的这片山水，永远同在了。

尾 声

2018年3月，中共中央宣传部追授钟扬"时代楷模"称号。

2018年6月，中共中央追授钟扬"全国优秀共产党员"称号，号召全国人民向这位深深扎根祖国大地的人民科学家学习。

2019年2月，钟扬获得"感动中国2018年度人物"荣誉。

2019年9月，钟扬获得"最美奋斗者"荣誉称号。